BEST OF BLAGUES

Ouvrage dirigé par Sophie Le Flour
Textes recueillis par Marine Le Flour

34-36, rue La Pérouse
75116 Paris
www.hugopublishing.fr

ISBN : 9782755668537
Dépôt légal : octobre 2023
Imprimé en Chine

Voici une nouvelle année qui commence !
Et pour que tous les jours de cette année 2024
soient réussis, nous vous avons concocté un best of
des meilleures blagues et histoires drôles.

Cette éphéméride vous propose ainsi une compilation des blagues les plus drôles sur des thèmes aussi variés que le mariage, les animaux, les métiers, les régions et les pays, la famille, ou encore... l'amour.

Vous ne serez plus jamais à court d'une bonne blague pour faire rire votre entourage : vous pourrez en faire profiter vos proches, vos collègues de travail ou vos amis, qui seront, à n'en pas douter, friands de ces histoires cocasses et amusantes.

Fous rires et bonne humeur seront au rendez-vous tout au long de l'année !

Bonne année et amusez-vous bien !

C'est deux potes qui discutent.

L'un d'eux demande à l'autre :
– Dis-moi, je ne t'ai pas vu avec ta copine.
Ça va toujours ?

– Ben elle m'a plaqué sans raison.
Alors pour la punir,
je lui ai piqué son fauteuil roulant.

– Hein ? Mais t'es ouf, pourquoi t'as fait ça ?

– Pour rigoler.
D'ailleurs, devine qui est revenu
en rampant à mes pieds ce matin ?

1er

JANVIER

8 h 44 17 h 04

Jour de l'an

L'histoire se passe dans une école.

La maîtresse dit à ses élèves :
– Aujourd'hui on va faire de la poésie.
On va commencer par les rimes. Vous allez devoir écrire une phrase qui rime, sur vos cahiers, que vous allez lire devant la classe au tableau.

La maîtresse fait passer les élèves au tableau, tout se passe bien. Et arrive le dernier passage, c'est un petit garçon. Il lit sa phrase :
– Je suis allé à la mare aux grenouilles, et j'avais de l'eau jusqu'aux genoux.

Et la maîtresse lui dit :
– Mais ça ne rime pas ta phrase.

– Oui mais c'est parce qu'il n'y avait pas assez d'eau…

Comment appelle-t-on
quelqu'un qui parle trois langues ?

– Un trilingue.

Comment appelle-t-on
quelqu'un qui parle deux langues ?

– Un bilingue.

Comment appelle-t-on
quelqu'un qui ne parle qu'une langue ?

– Un Français.

3
JANVIER

8 h 44 – 17 h 06

Ste Geneviève

Une femme en avait marre de toujours tout faire à la maison, alors elle et son mari se sont mis d'accord pour que chacun fasse le repas du soir à tour de rôle.

Le jour suivant, c'est au tour du mari.

Quand la femme rentre, elle voit son mari tout nu avec un verre d'eau à la main.

– Ce soir au menu,
c'est amour et eau fraîche, lui dit-il.

Le lendemain c'est au tour de la femme.

À peine rentré, le mari lui crie :
– Qu'est-ce qu'il y a au menu ce soir, chérie ?

La femme vient toute nue vers lui, les cheveux ébouriffés, et lui répond :
– Les restes d'hier soir mon chéri...

4
JANVIER
8 h 44 17 h 07
St Odilon

Deux hommes sont
dans une salle d'attente.

L'un d'eux tourne en rond depuis dix minutes
en répétant :
– J'aurais dû écouter ma mère quand j'étais petit…
j'aurais dû l'écouter…

Le second s'impatiente et finit par lui demander :
– Mais qu'est-ce qu'elle vous disait votre mère ?

– Bah je sais pas justement…

5
JANVIER

8 h 44 17 h 09

St Édouard

C'est deux gars en train de chasser dans les bois. Tout en marchant, ils se retrouvent face à un grand trou. Pour connaître la profondeur de ce trou, l'un d'eux balance un caillou dans le fond et tend l'oreille pour entendre le bruit du caillou percutant le fond…

Rien du tout, pas de bruit.

Du coup, l'autre cherche ce qu'il pourrait balancer dans le trou qui ferait plus de bruit, et tombe sur une traverse de chemin de fer.

Ils la ramassent tous les deux et la balancent dans le trou. Toujours aucun bruit. Tout à coup, une chèvre fonce vers eux et saute dans le trou… Un peu plus tard ils croisent un paysan qui leur demande s'ils n'ont pas vu une chèvre. Ils racontent alors avoir vu une chèvre se jeter dans le trou.

Déçu, le paysan répond :

– Cela ne peut pas être ma chèvre. La mienne était attachée à une traverse de chemin de fer.

6

JANVIER

8 h 44 · 17 h 10

Épiphanie • Ste Mélaine

En lisant les portraits astrologiques que publie son magazine féminin préféré, une dame dit, d'un ton désolé, à son mari :

– Oh ! Ce que c'est bête...

– Quoi donc ?

– Si tu étais né seulement un jour plus tôt, tu serais intelligent, courageux et passionné !

7

JANVIER

8 h 43 17 h 11

St Raymond

Une jeune femme
entre dans une bibliothèque,
s'approche de l'employé à l'accueil et lui dit :
– Bonjour, monsieur !
Je voudrais un hamburger, une grande frite
et un grand coca !

– Mais madame, vous êtes
dans une bibliothèque, ici.

Alors la jeune femme reprend
en parlant tout bas :
– Désolée… alors je voudrais
un hamburger, une grande frite
et un grand coca !

À la fin d'un entretien d'embauche, le responsable des Ressources Humaines demande à un jeune ingénieur :

– Et vous aviez pensé à quel salaire de départ ?

Le jeune répond :

– Dans les environs de 100 000 euros par an, négociable en fonction des avantages annexes.

– Bien, dit le responsable RH, que diriez-vous alors d'un contrat avec cinq semaines de congés payés, quatorze jours fériés en sus dans l'année, frais médicaux et dentaires pris en charge par la compagnie, fonds de retraite vous donnant à 50 ans une retraite équivalente à 85 % de votre salaire de l'époque, plus une voiture de fonction de type 406 changée tous les deux ans ?

Le jeune homme se dresse sur son siège, ébahi :

– Whoaaaa ! Vous êtes sérieux ?

– Non, répond l'autre.
Mais c'est vous qui avez commencé !

Deux mites discutent :

– Où vas-tu passer tes vacances ?

– Oh, moi je ne sais pas et toi ?

– Ah, moi j'ai trouvé un petit coin sympa, au bord de la manche !

10
JANVIER

8 h 42 17 h 15

St Guillaume

Un homme vient d'emménager
à la campagne et, pour se rendre
à son travail en ville,
il doit prendre le train. Afin de gagner
un peu de temps sur son sommeil, il va voir
le fermier du champ mitoyen à son jardin
afin de couper à travers champ et gagner
quelques précieuses minutes.

– Monsieur, accepteriez-vous
que je traverse votre champ chaque matin
pour attraper mon train de 7h22 ?

Le cultivateur répond :
– Mais bien sûr. Et avec un peu de chance,
si mon taureau vous voit, vous pourrez
même attraper celui de 6h54 !

Une femme demande à son mari :
– En définitive, tu m'aimes par amour ou par intérêt ?

– Ce doit être par amour parce que cela fait longtemps que tu ne m'intéresses plus !

12
JANVIER
8 h 41 17 h 17
Ste Tatiana

Un petit garçon regarde son aquarium
et demande à sa maman :
– Ça grossit vite les poissons ?

– Cela dépend des pêcheurs, mon chéri.
Tu vois, le thon, que ton père a pêché
il y a cinq jours, prend 500 g à chaque fois
qu'il raconte son exploit.

13
JANVIER
8 h 41 17 h 19
Ste Yvette

Cinq Français dans une Audi Quattro arrivent à la frontière franco-belge.

Le douanier belge les arrête et leur dit :
– Vous n'avez pas le droit de rouler à cinq dans une Quattro.

Interloqués, les passagers font part de leur incompréhension, sans succès.

– Arrêtez de me prendre pour un idiot. Quattro ça veut dire quatre. Descendez du véhicule.

Furieux, le conducteur descend de voiture et lance :
– Appelez-moi votre supérieur.

– Il ne peut pas venir... Il est occupé avec les deux types dans la Uno.

14

JANVIER

8 h 40 17 h 20

Ste Nina

Pourquoi les souris n'aiment-elles pas les devinettes ?

Parce que quand elles ne savent pas, elles n'aiment pas donner leur langue au chat.

15
JANVIER

8 h 39 17 h 21

St Rémi

C'est un scientifique qui entre dans une animalerie et qui demande :

– Je voudrais 12 cafards, 36 araignées, 8 serpents et 2 essaims de tiques.

– Ah ! je comprends, c'est pour un projet scientifique !

– Non, je quitte mon appartement et je dois le rendre dans l'état où je l'ai trouvé.

– Maman, maman !
Raconte-moi une histoire !
demande un petit garçon à sa maman
alors que le père est au travail.

– Écoute, non, je ne peux pas,
je dois préparer le dîner…

– Maman, maman !
Raconte-moi une histoire !

– Bon, bon… Il était une fois…

– Maman, maman !
Est-ce que toutes
les histoires commencent par
« il était une fois » ?

– Non, parfois elles commencent par :
« Chérie, j'ai une réunion ce soir
et je vais rester tard au bureau… »

17
JANVIER
8 h 38 17 h 24
Ste Roseline

Un homme est convoqué par la police :
– C'est bien vous qui aviez signalé la disparition de votre femme ?

– Parfaitement, m'sieur le commissaire !

– Eh bien, on l'a retrouvée !

– Tant mieux, et qu'a-t-elle dit ?

– Rien !

– Rien ? Alors ce n'est pas elle !

18
JANVIER
8 h 37 17 h 26
Ste Prisca

Lui : J'irai au bout du monde pour vous.

Elle : Mais promettez-vous d'y rester ?

Un fils demande à son père :
– Papa !
Pourquoi as-tu épousé maman ?

– Ah... Toi aussi
tu te poses la question !

20
JANVIER

8 h 35 17 h 29

St Sébastien

Un vacancier
raconte à son ami :
– Ma voiture a heurté un dromadaire dans le désert.

– Il n'y a pas eu trop de dégâts ?

– Ma voiture n'a rien
mais le dromadaire s'en est tiré
avec une bosse !

21
JANVIER

8 h 34 17 h 30

Ste Agnès

Roger emmène son chien Fido
au marché pour le vendre. Un homme tourne
autour quelques minutes puis demande :
– Il a une bonne tête ton chien.
Je voudrais bien l'acheter,
mais je voudrais m'assurer qu'il est fidèle.

– Je te donne ma parole, répond Roger,
y a pas plus fidèle que mon Fido.

– Donne-moi une preuve de sa fidélité,
insiste l'acheteur.

– La preuve est très facile à apporter :
je l'ai déjà vendu plus de cinq fois
et il est toujours revenu à la maison…

22
JANVIER

8 h 33 17 h 32

St Vincent

Un jeune homme
demande à sa fiancée :

– À ton avis, pourquoi dit-on que les chats sont rusés, méchants, égoïstes ?

La fiancée répond :

– Mais parce que c'est vrai, mon minet !

Quel est le comble du charcutier ?

C'est d'avoir un caractère de cochon.

24
JANVIER

8 h 31 17 h 35

St François de Sales

Un chameau
croise un dromadaire :
– Comment ça va ?

– Bien, je bosse, et toi ?

– Je bosse, je bosse !

25
JANVIER

8 h 30 17 h 36

Conversion de St Paul

Un employé demande à son patron :
– Chef, pourrais-je quitter le bureau trois heures plus tôt, pour pouvoir aller faire du shopping avec ma femme ?

– Il n'en est pas question !

– Merci, chef. Je savais que vous ne me laisseriez pas tomber.

26
JANVIER

8 h 29 17 h 38

Ste Paule, Ste Pauline

Un fermier téléphone à son voisin :
– Allô ! répond une petite voix.

– Allô ! C'est Gaston, qui est là ?

– C'est Maxime, dit la voix douce.

– Je peux parler à ton papa, s'il te plaît ?

– Mon papa il est sous le tracteur.

– Ah ! et ta maman ?

– Elle est sous le tracteur.

– Bon et ton grand frère il est là ?

– Il est sous le tracteur.

– Alors ta grande sœur ?

– Elle est sous le tracteur.

Le voisin, interloqué, demande alors au petit :
– Et toi, tu es où, ça va ?

– Oui, oui ça va, je suis sur le tracteur.

27
JANVIER
8 h 28 17 h 40
Ste Angèle

Salon de l'auto.
Comment reconnaître les nationalités des visiteurs ?

– L'Anglais examine les cuirs.

– L'Italien examine le klaxon.

– Le Portugais examine la peinture.

– L'Américain examine la taille.

– Le Suisse examine le coffre.

– Le Japonais examine tout.

– Le Belge n'examine rien.

– Le Français examine la vendeuse !

28
JANVIER

8 h 27 17 h 41

St Thomas d'Aquin

Edouard ne fut ni premier, ni dernier.

Geneviève en mange plus que Bernard.

Émile en mange plus qu'Edouard.

Edouard en mange plus qu'Evelyne
mais moins que Geneviève.

Bernard mange plus de frites qu'Émile.

Qui mange plus de frites ?

Geneviève

(Par ordre décroissant : Geneviève,
Bernard, Émile, Edouard, Evelyne)

29
JANVIER

8 h 25 17 h 43

St Gildas

Qu'est-ce qu'une pomme de terre pour un Ch'ti ?

Une frite sauvage !

30

JANVIER

8 h 24 17 h 44

Ste Martine

– Maman, maman,
est-ce qu'il y a des gens qui habitent sur la Lune ?

– Je ne crois pas, Toto.

– C'est bizarre, qui allume la lumière le soir alors ?

31
JANVIER

☀ 8 h 23 ☀ 17 h 46

Ste Marcelle

C'est l'histoire d'un gars qui fait du porte-à-porte.

Un jour ce gars sonne à une porte, un homme lui ouvre :

– Bonjour monsieur, on fait une quête pour la maison de retraite, vous pourriez faire un don ?

– Oui, oui, bien sûr ! Mémé, prends ton manteau !

1er

FÉVRIER

8 h 21 17 h 48

Ste Ella

Deux hommes au comptoir :
– J'en ai marre d'avoir tout le temps des ampoules aux mains.

– Tu fais un travail manuel difficile ?

– Non, je suis vendeur au rayon électricité.

Il y a un pingouin
qui lève la jambe,
il trouve ça drôle.
Il lève l'autre,
il tombe…

3
FÉVRIER
8 h 19 17 h 51
St Blaise

Quelle est la maladie
la plus contagieuse ?

La maladie d'amour : elle met au lit
deux personnes d'un coup.

4
FÉVRIER

8 h 17 17 h 53

Ste Véronique

Deux enfants
passent devant un panneau
RALENTIR ÉCOLE.

– Tu te rends compte ?!

– Franchement, ils ne croient tout de même pas qu'on va y aller en courant !

5
FÉVRIER

8 h 16 17 h 54

Ste Agathe

C'est l'histoire d'un mec qui rentre dans un bar :

– Je voudrais deux bières s'il vous plaît.

– Des pressions ?

– Non, alcoolisme…

Toto a du mal à comprendre l'arithmétique.

La maîtresse essaie de lui faire comprendre grâce à des exemples concrets :

– Toto, si tu plonges ta main droite dans ta poche de droite et que tu trouves une pièce de 1 euro, puis si tu plonges ta main gauche dans ta poche de gauche et que tu trouves un autre euro, qu'est-ce que tu auras ?

– Le pantalon de quelqu'un d'autre, madame !

Un groupe de trois directeurs a pour tâche de mesurer la hauteur d'un mât.

Ils sortent dehors et se rendent au mât avec les échelles et les rubans à mesurer.

Tour à tour, ils tombent de l'échelle ou laissent tomber le ruban à mesurer.

Un ingénieur passe par là et voit ce qu'ils essaient de faire. D'un geste moqueur il tire le mât hors de la terre, le met à plat, le mesure de bout à bout et enfin donne la mesure à un des directeurs, puis il s'en va.

Après que l'ingénieur est parti, le directeur se tourne vers les deux autres et dit en riant :

– Ça c'est bien un ingénieur. C'est bien la peine de faire toutes ces études ! Nous cherchons la hauteur et il nous donne la longueur…

C'est l'histoire
de deux grains de sable
qui vont au bord de la mer :

– Wouah,
c'est blindé de monde
aujourd'hui !

À l'occasion de son quarantième anniversaire, Fredo va effectuer son premier saut en parachute.

Voici les conseils pratiques de son moniteur :
– Quand tu fais de la chute libre, tant que tu vois les vaches comme des fourmis, il n'y a pas de danger…

– Quand tu commences à voir les vaches comme des vaches, il est temps d'ouvrir ton parachute…

– Et quand tu vois les fourmis comme des vaches… Il est trop tard !

Ma femme m'a appelé au travail
et m'a demandé :
– As-tu déjà eu une douleur lancinante
sur ton corps, comme si quelqu'un avait
une poupée vaudou de toi et qu'il la poignardait ?

Inquiet, j'ai répondu :
– Non…

Elle a répondu :
– Et maintenant ?

11
FÉVRIER
8 h 06 18 h 04
Notre-Dame de Lourdes

C'est un âne qui rencontre
un autre âne dans un pré,
il lui demande :
– C'est quoi ton nom ?

– Bob, dit l'âne.

12
FÉVRIER

8 h 05 18 h 06

St Félix

C'est deux Belges qui veulent se rendre à Calais.

Presque arrivés, ils voient écrit NORD-PAS-DE-CALAIS.

Que font-ils ?

Ils font demi-tour !

13

FÉVRIER

8h03 18h08

Ste Béatrice

Ulysse dit au cyclope
qu'il s'appelle « Personne ».

Alors qu'Ulysse donne à ses hommes
l'ordre d'attaquer le cyclope,
ce dernier crie alors :
– Aidez-moi !
Personne m'attaque !

Une femme aveugle d'un œil
est mariée depuis vingt ans
avec le même homme.

Alors que celui-ci se trouve
une autre concubine, il dit à sa femme :
– Je veux divorcer car tu es aveugle d'un œil.

Sa femme lui répond alors :
– Ça t'a pris vingt ans de mariage
pour t'en rendre compte ?

Deux amis se rencontrent. L'un,
joueur invétéré dit à l'autre :
– Il faut que je t'annonce
une grande nouvelle : j'arrête de jouer !
Plus de casino, plus de tiercé,
plus de poker…

– Bravo, lui dit l'autre. Mais pardonne-moi,
te connaissant, j'ai du mal à y croire.
Je suis même sûr que tu ne tiendras pas !

– Ah bon ? Tu paries combien ?

16
FÉVRIER
7 h 58 18 h 12
Ste Julienne

Jojo décide de prendre
un raccourci à travers le cimetière.

Soudain, trois jeunes femmes se rapprochent
de Jojo et lui expliquent qu'elles ont peur
de traverser le cimetière la nuit
même si c'est beaucoup plus rapide.

Jojo les accompagne
et leur dit pour les rassurer :
– Je comprends… J'avais aussi l'habitude
de paniquer quand j'étais en vie…

17
FÉVRIER
7 h 56 18 h 14
St Alexis

Osez le test du chat !

Lisez ce qui suit très attentivement à haute voix :

– Ceci est ceci chat.
– Ceci est est chat.
– Ceci est une chat.
– Ceci est manière chat.
– Ceci est de chat.
– Ceci est tenir chat.
– Ceci est un chat.
– Ceci est un malade chat.
– Ceci est mental chat.
– Ceci est occupé chat.
– Ceci est pendant chat.
– Ceci est au chat.
– Ceci est moins chat.
– Ceci est 20 chat.
– Ceci est secondes chat.

Maintenant, vous vous demandez quelle est cette stupidité, hein ?

Eh bien, revenez en arrière et lisez le troisième mot de chaque ligne à partir du début…

Un citadin part en vacances à la campagne.

Un jour, il voit un troupeau de vaches, mais il est surpris qu'elles n'aient pas de cornes.

Complètement fasciné par cette anomalie, il finit par aller voir le fermier d'à côté et lui demande :
– Dites mon brave, pourquoi ces vaches n'ont pas de cornes ?

Le fermier le regarde longuement, puis après une grande réflexion il lui répond :
– Ben en fait, y a trois raisons qui font que les vaches è z'ont pas d'cornes.

– Ah bon !

– Oui ! La première, c'est qu'è naissent sans cornes... mais là, c'est pô l'cas. La deuxième, c'est qu'è s'battent et qu'è s'les cassent... mais là, c'est pô l'cas. Enfin, des fois, y en a qui choppent une maladie, le véto y dit que c'est la décalcification et les cornes, è tombent... mais là, c'est pô l'cas.

– Mais alors, pourquoi donc ces vaches n'ont pas de cornes, mon brave ?

– Ben en fait, si ces vaches è z'ont pô d'cornes, c'est surtout pac'que c'est des chevaux...

Un homme lit le journal et dit à son épouse :
– Savais-tu que les femmes utilisent 30 000 mots par jour et les hommes 15 000 ?

La femme lui répond :
– C'est facile à expliquer, il faut toujours répéter deux fois la même chose aux hommes.

L'homme se retourne vers elle et dit :
– Quoi ?!

Que dit une banane malade
à ses camarades
qui ont aussi chopé le virus ?

On va tous mûrir !

21
FÉVRIER

☀ 7 h 49 ☀ 18 h 21

St Pierre-Damien

La maîtresse demande à Toto :
– Toto, tu peux me citer les continents ?

– Oui bien sûr. L'Europe, l'Afrique, l'Asie, Papy.

– Mais pourquoi Papy ?

– Car maman dit toujours que papy est incontinent.

22
FÉVRIER

7 h 47 18 h 22

Ste Isabelle

Un ministre est cambriolé
un soir et le cambrioleur lui dit :
– Donnez-moi votre argent !

Le ministre répond :
– Savez-vous que je fais partie
du gouvernement ?

– Dans ce cas,
donnez-moi mon argent !
répond le cambrioleur.

Deux Auvergnats assistent à une messe. Arrive le moment où un enfant tend le panier pour la quête. Le premier met une pièce de un centime.

Le deuxième s'avance et dit :
– C'est pour nous deux.

24
FÉVRIER
7 h 43 18 h 25
St Modeste

Un jeune discute avec
son père paysan :
– Papa, plus tard, j'ai envie d'être acteur.

– T'as de la chance mon p'tiot !
Parce que dans notre métier,
y'en a plein des tracteurs !

25
FÉVRIER

7 h 41 18 h 27

St Roméo

Quelle est la différence
entre une couturière, un drogué et un Anglais ?

– La couturière se pique le doigt.

– Le drogué se pique le bras.

– Et l'Anglais se pique *english*.

26
FÉVRIER

7 h 39 18 h 29

St Nestor

Deux zéros
se promènent dans le désert.

Ils rencontrent un huit.

Un zéro dit à l'autre :
– Regarde comme il est tout fier. Avec cette chaleur il porte une ceinture !

27
FÉVRIER

7 h 37 18 h 30

Ste Honorine

Une petite fille demande à son père :

– Qu'est-ce qu'on devient quand on est mort ?

– On devient de la poussière, lui répond le père.

– Alors je crois que j'ai un mort sous le lit !

28

FÉVRIER

7 h 36 18 h 32

St Romain

– Tu connais la blague de l'amnésique ?

– Non, c'est quoi ?

– Je ne m'en rappelle plus…

29

FÉVRIER

7 h 35 18 h 33

St Auguste

Jessica dit à ses copines :
– Plus tard, je ferai
des études de médecine !

– Waouh !
Super ! Mais quand ça, plus tard ?

– Je ne sais pas.
J'ai légué mon corps à la science !

1er
MARS
7 h 34 18 h 33
St Aubin

Toto entre dans la boulangerie en pleurant.
La boulangère lui demande pourquoi il pleure.

– J'ai perdu la pièce de deux euros que ma maman m'a donnée pour acheter une baguette.
Je vais me faire gronder !

Émue, la boulangère lui tend une baguette.

– Ce n'est pas grave.
Tiens, prends cette baguette, je te l'offre !

Toto prend la baguette et pleure de plus belle.

– Mais pourquoi pleures-tu encore ?

– Ben, et ma monnaie ?

Les canards se baignent
dans mon premier,

Mon deuxième
est la partie molle du pain,

Mon troisième
est la première syllabe du mot tenir,

La sorcière fait cuire ses potions
dans mon tout.

Qui suis-je ?

Une marmite.

3

MARS

7 h 30 18 h 37

St Guénolé

Qu'est-ce qu'une framboise ?

C'est une cerise
avec une permanente.

4
MARS
7 h 28 18 h 38
St Casimir

Monsieur et Madame PRISSONBAIN

ont une fille,

comment s'appelle-t-elle ?

Ella !

5

MARS

7 h 26 18 h 40

Ste Olive

Un monsieur se tient près d'un pingouin.
Au loin, il aperçoit un policier et se dirige vers lui :
– Monsieur, je viens de trouver ce pingouin !
Que dois-je en faire ?

– Bah, je ne sais pas, il faudrait peut-être
l'emmener au zoo ?! répond le policier,
ennuyé par cette situation imprévue.

– OK, je vous remercie Monsieur l'agent !

Le lendemain, le même policier voit au loin
le type de la veille toujours accompagné du pingouin.

– Vous ne deviez pas l'emmener au zoo ?

– Ah, mais si, nous y sommes allés hier !
Aujourd'hui, je l'emmène au cinéma !

WHOOSH!
OMG!!!
?!!!

– Les carottes sont-elles bonnes pour la vue ?

– Vous avez déjà vu un lapin avec des lunettes ?

7

MARS

7 h 22 18 h 43

Ste Félicité

Un négociant en vin a passé une commande à l'un de ses fournisseurs habituels. Le lendemain, il reçoit un fax :

– Désolé, ne peux honorer la commande avant que la commande précédente ne soit payée.

Le négociant envoie alors à son tour un fax au fournisseur :

– Annulez la commande. Ne peux attendre si longtemps.

Une femme entre
dans une pharmacie, achète pour
300 euros de produits amincissants.
Elle demande au pharmacien :
– Vous pensez que
je vais perdre combien ?

Le pharmacien répond :
– 300 euros.

9
MARS

7 h 17 18 h 46

Ste Françoise

Deux écoliers réfléchissent
à ce qu'ils feront plus tard :
– Qu'est-ce que tu voudrais faire
plus tard comme métier ?

– Moi, dans ma future carrière,
tout le monde se mettra en file
pour attendre mon arrivée.
Et on sera enchanté de me voir apparaître.

– Génial ! Tu seras donc quelqu'un
de très important. Mais dans quelle branche ?

– Conducteur d'autobus !

Un homme se trouve dans le coma depuis un certain temps, veillé jour et nuit par son épouse. Un jour, le mari se réveille. Il regarde sa femme et lui fait signe de s'approcher :

– Chérie... Durant tous ces malheurs, tu étais à mes côtés : lorsque j'ai été licencié, tu étais là pour moi, lorsque mon entreprise a fait faillite, tu m'as soutenu, lorsque nous avons perdu la maison, tu es restée près de moi et lorsque j'ai eu des problèmes de santé, tu étais toujours et encore à mes côtés. Tu sais quoi ?

Les yeux de la femme sont humides d'émotion.

– Quoi donc, mon chéri ? souffle-t-elle.

– Je crois que tu me portes la poisse !

Quelle est la meilleure façon
pour une femme de faire retenir
à son mari la date
de son anniversaire de mariage ?

C'est de se marier le jour
de son anniversaire à lui…

12
MARS

7 h 11 18 h 51

Ste Justine

Un Américain se promène à Paris
avec son beau-frère, un Français. Ils passent devant
la tour Eiffel et l'Américain demande :
– En combien de temps l'avez-vous construite ?

Le Français répond :
– En trois ans environ.

L'Américain dit :
– Chez nous, on fait cela en un an !

Ils passent ensuite devant Notre-Dame.

– En combien de temps ?

– Environ dix ans.

– En Amérique, il ne nous faudrait que trois ans !

Ils arrivent devant une tour de La Défense
et l'Américain pose de nouveau sa question :
– En combien de temps ?

– Quoi ? dit le Français, cette tour ?
Mais elle n'était pas là tout à l'heure !

Proverbe breton :
Quand on voit les îles…
c'est qu'il va pleuvoir.

Quand on ne voit plus les îles…
c'est qu'il pleut !

14
MARS

7 h 07 18 h 54

Ste Mathilde

Trois souris blanches de laboratoire
discutent de leurs expériences respectives :

– Moi, dit la première, j'ai dans ma cage un tambour relié à une dynamo qui elle-même alimente une ampoule. Eh bien, je viens d'établir que l'intensité lumineuse est proportionnelle à la vitesse de ma course dans le tambour.

– Pas mal, dit la deuxième, mais moi, je viens de mettre au point un algorithme infaillible pour sortir de n'importe quel labyrinthe.

– Fort bien, dit la troisième, mais et l'aspect psychologique ? Vous y avez pensé ? Moi, je travaille sur la théorie des réflexes conditionnés. J'ai dans ma cage une petite cloche. Eh bien, chaque fois que je tire la cloche, mon chercheur me donne à manger !

Dans une grosse société, le patron entre dans le bureau d'un de ses salariés.

– Michel ! Ça fait trois fois que je vous surprends en train de dormir au bureau... je vais devoir sévir !

– Mais ce n'est pas ma faute, c'est à cause de vos chaussures, chef !

– Pardon ?

– Ben oui, avec vos nouvelles semelles on ne vous entend plus arriver.

16

MARS

7 h 03 18 h 57

Ste Bénédicte

Le patient :
– Docteur, aidez-moi !
Je suis tellement stressé en ce moment
que je perds mon calme
à tout bout de champ avec les gens.

Le médecin :
– Expliquez-moi votre problème.

Le patient :
– Mais je viens juste de vous le dire !
Vous êtes bouché ou quoi ?!

Un mari et sa femme
font les courses ensemble
un samedi après-midi :

– Chéri, c'est l'anniversaire de
ma mère demain : et si on lui achetait
un appareil électrique ?

– Bonne idée !
Qu'est-ce que tu penses d'une chaise ?

18
MARS

6 h 59 19 h 00

St Cyrille

Assis sur un tabouret de bar,
un homme boit sa bière par petites gorgées.
Il a une mine de chien battu.

Le cafetier qui le connaît un peu
vient le voir gentiment et lui demande :
– Qu'est-ce qui se passe ?
T'aurais pas des problèmes avec ta femme toi ?

– Si… On s'est tellement disputés qu'elle m'a dit
qu'elle ne me parlerait plus pendant un mois !

– Ben, dis donc, tu devrais plutôt être heureux !
plaisante le cafetier.

– Oui… mais le mois
se termine aujourd'hui…

19
MARS

6 h 57 19 h 01

St Joseph

Un homme demande
à sa femme :
– Dis chérie, qu'est-ce que tu préfères
entre un homme intelligent et un bel homme ?

Sa femme répond :
– Ni l'un ni l'autre chéri !
C'est toi que je préfère !

20
MARS

6 h 55 19 h 03

Printemps • St Herbert

Vieux couple.
Claude se réveille en sursaut, s'étire mollement et dit à sa femme en bâillant :

– Solange, éteins la télévision, on va se coucher.

– Mais chuuuuuuuut ! On est au cinéma !

Une jeune fille annonce ses fiançailles
à son père, qui commente en soupirant :
– Paul ?
Est-ce qu'il a de l'argent au moins, ce Paul ?

La jeune fille répond :
– Mais vous êtes tous les mêmes !
C'est exactement la question
qu'il m'a posée sur toi !

22
MARS

6 h 50 19 h 06

Ste Léa

La hiérarchie d'une entreprise,
c'est comme un arbre plein de singes…

Il y a des singes à différentes hauteurs.

Des singes qui montent et des singes qui descendent.

Les singes qui sont en haut regardent en bas
et voient des singes qui sourient.

Les singes qui sont en bas regardent en haut
et voient des trous de cul…

23
MARS

6 h 48 19 h 07

St Victorien

Où trouve-t-on des chats drôles ?

Dans les livres, car il y a des chats pitres.

24
MARS
6 h 46 19 h 09
Ste Catherine de Suède

Deux pauvres fourmis sont employées au service du nettoyage de la ville.

Un jour, alors qu'elles balaient le trottoir, une Rolls-Royce blanche s'arrête à leur hauteur.

Le chauffeur ouvre la portière arrière, et une cigale en descend, couverte de bijoux.

– Mais je te reconnais, dit l'une des fourmis. Qu'est-ce que tu deviens ?

– Ça marche très fort pour moi.
Mon dernier disque est premier au hit-parade,
je fais le Zénith le mois prochain et c'est déjà complet.
Ensuite, je pars en tournée en Amérique.
À un de ces jours les filles !

Et tandis qu'elle s'éloigne, la première fourmi, tout en se remettant à balayer, dit à sa collègue :

– Ce La Fontaine, quel idiot !

Un homme demande à un avocat :
– Quel est le montant de vos honoraires ?

L'avocat lui répond qu'il est de 1 000 euros pour trois questions. L'homme lui demande alors :
– N'est-ce pas un peu excessif ?

Et l'avocat lui répond :
– Si. Quelle est votre troisième question ?

26
MARS
6 h 42 19 h 12
Ste Larissa

Un médecin de campagne part en vacances et cherche un remplaçant. Très difficilement, il en trouve un qui, évidemment, a tous ses diplômes et accepte le remplacement pour trois jours. Lorsque le médecin revient de vacances, il demande à son remplaçant comment ça s'est passé.

– Alors, combien avez-vous eu de cas à traiter ?

– Trois cas, lui répond le remplaçant.

– Quels types de cas ? lui demande le docteur.

– Le premier cas :
mal au dos, je lui ai donné de la crème.
Le deuxième cas : mal à l'estomac,
je lui ai prescrit un médicament.

– Et le troisième cas ?

– Une superbe blonde, qui vient me dire que ça fait cinq ans qu'elle n'avait pas vu un homme.

– Et alors ? demande le docteur.

– Ben, je lui ai mis des gouttes dans les yeux.

27
MARS
6 h 40 19 h 13
St Habib

Quelle est la différence
entre un jazzman et un rockeur ?

Le rockeur joue trois accords
devant 2 000 personnes,
le jazzman c'est l'inverse !

28
MARS
6 h 38 19 h 15
St Gontran

Fou, Rien et Personne
sont sur un bateau.

Personne tombe à l'eau.
Rien demande à Fou d'appeler
la police avec son portable.

Celui-ci s'exécute :
– Allô la police, je suis Fou.
J'appelle pour Rien parce que
Personne est tombé à l'eau !

Un automobiliste se gare
dans la cour d'une ferme
et demande à la fermière :
– Bonjour madame,
vous avez une vache noire ?

– Non monsieur !

– Un cheval noir ?

– Non plus...

– Un gros chien noir alors ?

– Ah ça non !

– Pas de doute alors, je crois bien
que j'ai écrasé le curé.

30
MARS
7 h 33 20 h 18
St Amédée

Un homme court dans la rue.
Il aborde une vieille dame
et lui demande :

– Vous avez vu un policier ?

– Non, non.

– Alors, donnez-moi tout de suite votre sac.

31
MARS

7 h 31 20 h 19

Pâques • St Benjamin

Un couple va au cinéma
avec son bébé.

L'ouvreuse les prévient :
– Si l'enfant pleure,
vous devrez quitter la salle…
Bien sûr, on vous remboursera !

Le film commence.
Au bout d'une demi-heure,
le mari se penche vers sa femme :
– Qu'en penses-tu ?

– Ce film est nul !

– Tu as raison chérie, réveille le petit…

1er
AVRIL

7 h 29 20 h 21

Lundi de Pâques • St Hugues

Le patron :
– J'ai vu que vous aviez quitté le travail pour vous faire couper les cheveux !

L'employé :
– J'ai trouvé que c'était mon droit puisque mes cheveux poussent pendant les heures de travail.

Le patron :
– Mais ils ne poussent pas uniquement pendant les heures de travail, non ?

L'employé :
– Mais je ne les ai pas coupés entièrement....

2
AVRIL

7 h 27 20 h 22

Ste Sandrine

Raymond en a assez d'être la risée
de ses copains de bistrot car c'est sa femme
qui porte la culotte chez lui.

Ce soir il est bien décidé
à leur prouver le contraire, et la tête pleine
des bons conseils
de son meilleur pote, il rentre chez lui.

Il se dirige en toute hâte vers la cuisine, bombe
le torse, marche vers sa femme et lui dit :
– À partir de maintenant,
je veux que tu saches que « JE » suis le maître
de la maison et ma parole sera la loi !
Je veux que tu me prépares un repas spécial
et quand j'aurai terminé de manger mon repas,
je m'attends à un somptueux dessert.
Ensuite, tu vas me faire couler un bon bain
pour me relaxer, et quand j'en aurai terminé
avec mon bain, devine un peu qui va me peigner
et m'habiller ?

Et sa femme lui répond :
– Les pompes funèbres, mon vieux !

3
AVRIL
7 h 25 20 h 24
St Richard

Une mère monte dans le bus,
en compagnie de sa fille de vingt ans.
Elles s'assoient.

Soudain, la maman se met à crier :
– Y a-t-il un médecin dans ce bus ?
Vite ! Vite ! Il y a un médecin ?

Un homme se précipite vers elles
et demande ce qu'il se passe.

La mère répond :
– Vous êtes médecin ?

– Oui madame.

– Enchantée ! Voulez-vous
que je vous présente ma fille ?

4
AVRIL
7 h 23 20 h 25
St Isidore

Deux cowboys
sont en train de boire du whisky
en discutant dans un saloon :

– Tu vois le type là-bas ? Au bar ?

– Lequel ? Ils sont une douzaine.

– Celui qui boit du whisky.

– Ils boivent tous du whisky…

– Celui qui a une chemise à carreaux.

– Ils ont tous une chemise à carreaux…

Et là, il sort ses deux revolvers
et abat onze des hommes
qui se trouvaient au bar.
Un seul reste debout, choqué.

– Celui-là ! dit le cowboy,
il a une gueule
qui ne me revient pas...

Un mari annonce à l'un de ses copains :
– Je vais divorcer.

– Ah bon, pourquoi ?

– Tu supporterais, toi, d'être
avec quelqu'un qui boit, qui fume
et qui rentre à n'importe quelle heure ?

– Non !

– Eh bien ma femme non plus !

Sur la route des vacances, du côté de Toulon,
un couple de vieux Marseillais s'arrête à une station-service.
Le pompiste arrive et demande :
– Bonjour. Je vous fais le plein ?
– Oui, allez-y, répond le vieux.
La mémé demande alors :
– Qu'est-ce qu'y dit ?
– Y DEMANDE SI ON VEUT LE PLEIN, répond le vieux en criant.
Le pompiste engage la conversation :
– Alors, vous allez où comme ça ?
– On va passer les vacances à Saint-Tropez.
La mémé demande encore :
– Qu'est-ce qu'y dit ?
– Y DEMANDE OÙ ON VA.
JE LUI AI DIT QU'ON ALLAIT À SAINT-TROPEZ.
Le pompiste :
– Et vous venez d'où ?
– On habite au Cinq-Avenues à Marseille, répond le vieux.
– Ah ouais ?! Ça alors, c'est une drôle de coïncidence.
J'y ai connu une fille, autrefois. Une vraie pipelette. Elle me soûlait trop ! Je l'ai larguée au bout de huit jours. En plus, au lit, elle était nulle. Ah ça, vraiment, c'était pas une affaire !
– Qu'est-ce qu'y dit ?
– Y DIT QU'Y T'A CONNUE Y A LONGTEMPS !

Un homme qui a hérité
d'un oncle milliardaire une énorme fortune
va épouser une ravissante jeune femme.
Tout de même, pour être certain
qu'elle l'aime pour lui-même, il lui demande :
– Réponds-moi franchement…
Si mon oncle ne m'avait pas laissé 100 millions,
tu m'épouserais quand même ?

– Mais bien sûr, mon chéri… Je t'épouserais
quelle que soit la personne qui te les a laissés !

8
AVRIL

7 h 15 20 h 31

Ste Julie

Devant la machine à laver le linge,
le mari demande à sa femme
sur quel programme il doit laver
son sweat. La femme lui répond
que c'est marqué dessus.
Le mari regarde puis dit : « PSG ? »

9

AVRIL

7 h 13 20 h 33

St Gauthier

Deux amis se croisent dans la rue :
– Alors, quelles sont les nouvelles ?

– Tu sais qu'aujourd'hui c'est l'anniversaire de ma femme… Regarde le solitaire que je lui ai offert !

L'autre :
– Un diamant ? Je croyais qu'elle voulait une Porsche !

– Ben, oui, je sais bien… Mais tu sais, les fausses Porsche, ça ne court pas les rues !

WHOOSH!
OMG!!!
T
?!!!

Une femme demande avec sarcasme
à son époux retraité :
– Que penses-tu faire aujourd'hui ?

– Rien.

Elle lui répond alors :
– C'est déjà ce que tu as fait hier !

– Oui, mais j'ai pas fini.

11
AVRIL
7 h 09 20 h 36
St Stanislas

Un paysan et sa vache font du stop au bord d'une nationale. Un homme s'arrête et le paysan monte dans la voiture. Le conducteur demande :
– Et votre vache ?

– Ne vous inquiétez pas on va l'accrocher derrière ; elle a l'habitude de suivre.

Et ils partent. À 40 km/h la vache suit. Le conducteur accélère alors un peu à 60 km/h. La vache suit. À 80 km/h la vache suit toujours sans problème apparent. Le conducteur commence alors à s'énerver et accélère encore ! Le petit jeu se poursuit jusqu'aux limites de sa voiture !

À 160 km/h, le conducteur regarde dans son rétro puis, triomphant, s'adresse au paysan :
– Elle fatigue votre vache ; elle tire la langue...

– De quel côté ?

– Euh ? À gauche.

– Alors c'est qu'elle veut doubler...

Deux escargots grimpent sur un mur,
il est très haut et c'est très dur.
Arrivés en haut un des deux dit :
« Eh bien, on en a bavé ! »

13
AVRIL

7 h 05 — 20 h 39

Ste Ida

Comment rendre un homme fou au lit ?

En cachant la télécommande.

14
AVRIL
☀ 7 h 03 ☀ 20 h 40
St Maxime

Deux époux se disputent.

– Je te préviens, menace la femme,
un mot, un seul mot de plus
et je retourne chez mes parents !

Le monsieur sort alors la tête
par la fenêtre et dit :
– Taxi !

15
AVRIL

7 h 01 20 h 42

St Paterne

Deux amis se croisent dans la rue
et l'un dit à l'autre :
– Pourquoi tu te trimballes avec
deux énormes valises ?

– Parce que j'ai un génie, il réalise les vœux
que tu souhaites, je ne le quitte jamais.

– Et dans l'autre ?

L'ami ouvre et montre une énorme mite,
une mite géante ! L'ami est surpris mais pense
surtout au génie, à qui il peut demander ce qu'il veut.
Il dit au génie :

– Je voudrais un milliard !

Immédiatement, un billard tombe du ciel.

– Mais j'ai pas demandé un billard,
j'ai demandé un milliard !

Le propriétaire du génie répond :
– Parce que tu crois que moi,
j'ai demandé une grosse mite ?

Le mariage est comme
un mirage dans le désert :
palais, cocotiers, chameaux…

Mais soudain tout disparaît
et il ne reste que le chameau.

17
AVRIL

6 h 57 20 h 45

St Anicet

Un homme et son chien se baignent
dans la mer.
Ensemble, ils barbotent un moment,
quand soudainement le chien se met à péter.

Peu après, l'homme décède.

Pourquoi ?

Parce qu'il avait un pékinois.

18
AVRIL
6 h 55 20 h 46
St Parfait

– Monsieur Dupont, j'ai examiné votre cas avec attention, dit le juge aux affaires matrimoniales, et j'ai décidé d'accorder 1 200 euros mensuels à votre épouse.

– C'est très aimable à vous, Monsieur le Juge. Quant à moi, je veux bien lui envoyer quelques euros de temps en temps.

19

AVRIL

☀ 6 h 53 ☀ 20 h 48

Ste Emma

C'est un chameau qui dit à un dromadaire :

– Dis donc, je bosse deux fois plus que toi !

20

AVRIL

6 h 51 20 h 49

Ste Odette

Un bébé moustique prend son envol pour la première fois tout seul.

À son retour, il est tout excité :
– Maman, maman, c'est super, je suis trop content, tout le monde a applaudi sur mon passage !

21
AVRIL
6 h 49 20 h 51
St Anselme

Une mère souris et ses trois petits sortent de leur trou, se dirigent vers la cuisine pour prendre un délicieux repas. Soudain, du coin de l'œil, la maman souris voit le chat les regarder fixement. Il est prêt à bondir entre les souris et le trou. La maman souris inspire profondément et crie « Wouaf… Wouaf ». Le chat se retourne et s'éloigne en courant… La maman souris ramène vite ses petits à l'abri et leur dit :

– Maintenant, quelle est la leçon à retenir de cette expérience ?

– Nous n'en savons rien, répond timidement l'un des souriceaux.

– Il est toujours bon de connaître une deuxième langue …

22
AVRIL

6 h 47 20 h 52

St Alexandre

Deux chèvres sont à la campagne quand, soudainement, elles trouvent un DVD. Une des chèvres commence à le manger. Lorsqu'elle termine, l'autre lui demande :
« Alors, c'était bon ? »
et elle lui répond :
« Bof, j'ai préféré le livre. »

23
AVRIL
6 h 45 20 h 54
St Georges

Martine, en rentrant
de l'école, est surprise :
– Dis donc, Alphonse, le perroquet
n'est plus sur son perchoir,
tu ne sais pas où il est ?

– Non, mais maintenant que j'y pense…
tout à l'heure, j'ai entendu
le chat parler…

24
AVRIL
6 h 43 20 h 55
St Fidèle

Un homme arrive au commissariat
et demande à parler au cambrioleur arrêté
qui s'est introduit chez lui la semaine précédente.

– C'est impossible, dit le policier, il est en garde à vue.

– Dommage, je voulais juste savoir
comment il a fait pour rentrer dans notre maison
à deux heures du matin sans réveiller ma femme.
Moi ça fait quinze ans que j'essaie...

25
AVRIL

6 h 42 20 h 57

St Marc

Pourquoi les vaches ne parlent-elles pas ?

Parce que sur le panneau est écrit « la ferme ».

26

AVRIL

6 h 40 20 h 58

Ste Alida

C'est l'histoire de quatre individus :
Chacun, Quelqu'un, Quiconque et Personne.
Un travail important devait être fait
et on avait demandé à Chacun de s'en occuper.
Chacun était assuré
que Quelqu'un aurait pu le faire.
Quiconque aurait pu s'en occuper
mais Personne l'a fait.
Quelqu'un s'est emporté parce qu'il considérait
que ce travail était la responsabilité de Chacun.
Chacun croyait que Quiconque pouvait le faire,
mais Personne s'était rendu compte
que Chacun ne le ferait pas.
À la fin, Chacun blâmait Quelqu'un du fait
que Personne avait fait
ce que Quiconque aurait dû faire...

27
AVRIL

6 h 38 21 h 00

Ste Zita

Un homme visite un hôpital psychiatrique et demande au directeur :

– Comment pouvez-vous dire si une personne a besoin d'être internée ?

– Nous remplissons une baignoire avec de l'eau et nous leur offrons une petite cuillère, une tasse ou un seau, en leur demandant de vider la baignoire.

– Je vois… Une personne « normale » aurait choisi le seau parce qu'il est plus gros, c'est ça ?

– Non. Une personne « normale » retirerait le bouchon de la baignoire… Vous voulez une chambre avec ou sans fenêtre ?

28

AVRIL

6 h 36 21 h 01

Ste Valérie

Un vendeur de journaux
crie le titre de son quotidien :
– Incroyable ! 60 personnes
se sont fait voler !

Un homme lui achète un journal.

Alors le vendeur crie :
– Incroyable ! 61 personnes
se sont fait voler !

29
AVRIL

6 h 34 21 h 02

Ste Catherine de Sienne

Un homme rencontre un copain
qu'il n'a pas revu depuis plusieurs mois
et qui était au chômage.

– Alors ? As-tu trouvé du travail ?

– Ne m'en parle pas, répond l'autre.
J'avais réussi à décrocher un emploi à Limoges,
au bout d'un mois ils m'ont limogé.
Ensuite j'ai trouvé une place à Vire,
quinze jours plus tard je me suis fait virer.
Après ça, j'ai été embauché à Lourdes,
dix jours après on m'a lourdé. Et hier,
on m'a proposé un boulot à Castres.
Alors là, j'ai tout de suite dit non,
tu penses !

30

AVRIL

6 h 33 21 h 04

St Robert

Un gamin regarde
sa mère et lui dit :
– Pourquoi ton ventre
est rond comme un ballon ?

– Ça, lui répond sa maman,
c'est parce que papa m'a donné
un petit bébé...

Il sort de la chambre et s'en va
retrouver son père pour lui demander :
– Papa, c'est vrai que t'as donné
un petit bébé à maman ?

– Oui, lui répond tendrement
son jeune papa...

– Ben, elle l'a mangé...

1er
MAI

6 h 31 21 h 05

Fête du travail • St Jérémy

Un touriste
veut visiter un monastère perché
au sommet d'une falaise vertigineuse.

On l'installe dans une nacelle
accrochée à une simple corde,
et en haut deux moines
tournent une manivelle pour le hisser.

En cours de route le touriste constate
que la corde est complètement usée.
Quand il arrive enfin, livide,
il demande au moine :
– La corde vous la changez régulièrement ?

– Bien sûr !
Chaque fois qu'elle casse…

2
MAI
6 h 29 21 h 07
St Boris

Un type dit à son copain :
– J'en ai marre, chaque fois que je m'engueule avec ma femme, elle devient historique !

– Tu veux dire hystérique ?

– Non, historique ! Elle se souvient de tout ce que j'ai fait de travers… du jour… et de l'heure.

3
MAI

6 h 28 21 h 08

St Philippe

– Chef, chef !
Il y a eu un vol cette nuit au supermarché !
On a volé 2 000 cartouches de cigarettes
et 1 500 carottes.

– Vous avez des soupçons ?

– Ben ouais, on recherche
un lapin qui tousse.

4
MAI

6 h 26 21 h 10

St Sylvain

Un homme,
dans un état d'ébriété avancé, revient en catastrophe dans le bar qu'il vient à peine de quitter pour téléphoner à la police. Il compose le numéro et commence à expliquer :
– C'est bien simple, ils m'ont tout volé sauf la voiture… Ils ont pris le tableau de bord, le volant, le frein à main, la pédale d'embrayage et même l'accélérateur…

Quelques minutes plus tard, la police reçoit un nouvel appel et l'officier de garde reconnaît la même voix à l'autre bout de la ligne.

– Au temps pour moi, déclare le saoulard, je me suis trompé, je m'étais assis sur la banquette arrière.

5
MAI
6 h 24 21 h 11
Ste Judith

Un couple se dispute
depuis un bon moment.
Excédée, l'épouse se met à hurler :
– Sans mon argent, nous n'aurions pas
ce beau canapé ni tous les autres jolis meubles,
pas de chaîne Hi-Fi, ni de télé
et encore moins cet appartement !

– Oui, c'est sûr... Mais tu oublies
une chose importante, ma chérie...
Sans ton argent,
je ne serais même pas là !

Un petit garçon regarde
les albums photos de la famille
et demande à sa mère :
– Qui est ce monsieur à côté de toi sur la plage,
celui qui a les cheveux bouclés
et qui est tout musclé ?

– Lui ? répond la maman, mais c'est ton papa !

Le petit garçon réplique, perplexe :
– Mais alors, c'est qui le monsieur chauve
et gros qui vit avec nous maintenant ?

7
MAI
6 h 21 21 h 14
Ste Gisèle

Le patron à son employé :
– Est-ce que vous croyez à la vie après la mort ?

– Heu, oui patron…

– Ah alors tout va bien. Parce que hier, après que vous ayez quitté le travail plus tôt pour aller à l'enterrement de votre grand-mère, elle est passée pour vous donner un petit bonjour.

8
MAI

6 h 20 21 h 15

Victoire 1945 • St Désiré

Chez le coiffeur, un homme se fait couper les cheveux puis, le coiffeur ayant terminé, il désigne du doigt un enfant et dit :
– Vous coupez les cheveux du gamin, je fais quelques courses et je reviens.

Le coiffeur coupe les cheveux de l'enfant qui, une fois la coupe terminée, s'assied et lit une bande dessinée. Au bout d'une heure, l'enfant étant toujours assis à attendre, le coiffeur lui demande :
– Hé bien mon petit, quand est-ce que ton père revient te chercher ?

L'enfant répond alors :
– Ce n'est pas mon père, c'est un monsieur qui s'est adressé à moi dans la rue et qui m'a dit : « Viens avec moi, on va se faire couper les cheveux à l'œil ».

?!!!

9
MAI
6 h 18 – 21 h 17
Ascension • St Pacôme

Un homme d'affaires dit à l'un de ses amis que sa compagnie recherche un nouveau comptable. Son ami demande :
– Mais vous n'avez pas déjà recruté un comptable il y a quelques semaines ?

L'homme d'affaires répond :
– Si, d'ailleurs, c'est celui-ci que l'on recherche.

10
MAI

6 h 16 21 h 18

Ste Solange

Un homme et son chien vont voir une comédie au cinéma. Dans la salle, le chien est assis à côté de son maître. À chaque scène comique, le chien s'esclaffe au même titre que les humains, et cela durant tout le film.

À la sortie, un autre homme s'approche du gars au chien et lui dit :
– C'est stupéfiant, votre chien a ri comme nous autres… Je suis vraiment étonné.

Le gars au chien lui répond :
– Moi aussi je suis surpris car il avait détesté le livre !

Une maman est au téléphone :
– Docteur, c'est terrible ! Mon petit vient d'avaler une souris vivante.

– Une souris vivante ?! Écoutez, il a peut-être encore une chance de s'en sortir. Dites à votre enfant d'ouvrir la bouche et appâtez la souris avec un bout de fromage. J'arrive immédiatement.

Au bout de quinze minutes, le médecin arrive. Il voit l'enfant la bouche ouverte, et la mère brandir une sardine devant lui.

Le docteur s'exclame :
– Mais je vous avais dit du fromage ! Pas du poisson !

– Je suis bien d'accord, répond la mère, mais c'est le chat qu'il faut maintenant sortir !

Un patient se plaint à son médecin :
– Docteur, ça ne va pas du tout. Lorsque j'appuie sur mon cœur, ça me fait mal. Quand je tâte mon foie, la douleur est intense, et quand je touche mon ventre, ça me fait très mal aussi. Vous avez une idée de ce que j'ai ?

– Oui, monsieur, vous vous êtes cassé le doigt.

13
MAI
6 h 12 21 h 22
Ste Rolande

Un lord anglais rentre de voyage.
Tout en le débarrassant
de son pardessus,
son valet de chambre lui dit :
– Nous n'attendions pas Monsieur
avant demain. Madame va être surprise.
Monsieur aussi, je crois…
Enfin, je veux dire que Madame, Monsieur
et Monsieur vont tous être surpris…

Un jour de semaine, où tout le monde travaille, un vieux Marseillais des beaux quartiers se promène sur le quai du côté du fort Saint-Jean. Là, il voit un jeune, torse nu, allongé par terre, en train de se radasser au soleil.

Le vieux s'approche et lui fait :
– Oh minot à ton âge, t'y as pas honte ?
C'est tout ce que tu as à faire ?

– Excusez, l'oncle, qu'est-ce que je devrais faire, d'après vous ?

– Moi, à ton âge, je travaillais dur.
Tu devrais faire pareil...

– Ah ouais ? Et pour quoi faire ?

– Bé, pour gagner de l'argent !

– Ah ouais ? Et pour quoi faire ?

– Il est pas beau lui ! Pour être riche comme moi, bougre de fada.

– Ah ouais ? Et pour quoi faire ?

– Quand tu seras riche, tu pourras te reposer et bien profiter de la vie !

– Ah ouais ! et qu'est-ce que je fais là, à votre avis ?

Un représentant de commerce marche
dans la rue et voit un petit garçon essayant
d'appuyer sur la sonnette d'une maison.
Le garçon est vraiment petit et la sonnette
est vraiment trop haute pour lui.
Après avoir remarqué les efforts
de ce petit garçon, le représentant de commerce
s'approche de lui, passe son bras au-dessus
de son épaule et appuie franchement sur la sonnette.

Se baissant alors vers le petit garçon, le représentant
de commerce attend des remerciements.
Il lui sourit et lui demande :
– Et maintenant, mon petit garçon, que fait-on ?

Le garçon répond :
– Maintenant ? On court !

16
MAI

6 h 08 21 h 26

St Honoré

Lundi à l'atelier, un jeune apprenti
se plaint à son collègue de travail :
– J'en ai marre de ce monde d'individualistes.
Personne n'est prêt à lever le petit doigt
pour aider son prochain.

– Mais pourquoi tu dis ça ? demande l'autre.

– Ben ce week-end, mon beau-frère est venu
manger à la maison. Comme je dois réparer
mon scooter, je lui demande : « Tu pourrais pas
me prêter 100 euros pour que je puisse
réparer mon scooter ? ». Eh bien, tu me croiras
si tu veux, ce pourri me les a refusés !

Et le collègue lui répond alors :
– Je te préviens tout de suite,
moi aussi je suis un pourri !

Le chat miaule,
la poule caquette,
la pie jacasse,
et la fourmi ?

La fourmi cro-onde.

18
MAI

6 h 06 21 h 29

St Éric

Trois petits moineaux
perchés côte à côte
sur une branche d'un arbre
aperçoivent trois vers de terre.

Le premier plonge illico et mange un ver.

Le deuxième également,
mais pas le troisième. Pourquoi ?

Parce qu'un ver ça va, mais trois...
bonjour les dégâts !

19
MAI

6 h 04 21 h 30

Pentecôte • St Yves

Un Français,
un Belge et un Américain
sont devant une piscine magique.

L'Américain court et saute en criant :
De L'OR ! Et il retombe dans une montagne d'or.

Le Français prend de l'élan, saute et crie :
Des FEMMES ! Il atterrit et se trouve entouré
par une vingtaine de femmes.

Très enthousiaste, le Belge court à son tour,
dérape sur une dalle et dit :
Ahhhh MERDE !

6 h 03 21 h 32

Lundi de Pentecôte
St Bernardin

Un éléphant et une souris marchent
dans le désert. Il fait très chaud.

La souris demande :
– Eh, ça te fait rien que je marche
dans ton ombre pour une petite demi-heure ?
On pourra changer après si tu veux…

21
MAI

☀ 6 h 02 ☀ 21 h 33

St Constantin

Une femme va chez le médecin
pour savoir ce qui lui arrive :
– Bonjour docteur, en ce moment
je ne me sens pas très bien,
savez-vous ce que j'ai ?

– Hum... oui, vous êtes allergique au bouleau !

– Ah ?! Eh bien il faut
que j'arrête de travailler !

– Mais non ! Je parlais de l'arbre !

Un type discute avec son copain :
– Ça va mal ces jours-ci,
ma femme passe ses soirées
à faire le tour des bars de la ville.

– Elle est alcoolique ?
s'inquiète le copain.

– Non, elle me cherche !

23
MAI
6 h 00 21 h 35
St Didier

Dimanche, 6 heures du matin,
l'homme se lève sans faire de bruit
pour ne pas réveiller son épouse.
Il charge son VTT dans la voiture,
et s'en va. Arrivé sur le parcours, il se met
à tomber des trombes d'eau. Sa matinée
est foutue, il décide de rentrer chez lui.
Il se déshabille sans faire de bruit,
se recouche doucement tout près
de son épouse, et lui chuchote à l'oreille :

– Il pleut comme vache qui pisse.

Et elle, répond :
– Quand je pense que l'autre con
est en train de pédaler…

24
MAI

5 h 59 21 h 37

St Donatien

Un coq rentre au poulailler
avec un œuf d'autruche.
Il convoque ses poules :
« Mesdames,
je ne voudrais pas vous vexer,
mais vous voyez ce que produit
la concurrence ! »

25
MAI

5 h 58 21 h 38

Ste Sophie

Une importante exploitation forestière du Canada passe un jour une petite annonce dans le but de recruter un bûcheron. Quelques jours plus tard, un gringalet arrive et se présente :

– Je viens pour l'annonce, pour le bûcheron.

– Mais tu n'es pas ce que je recherche. Il me faut un gars taillé dans l'acier, capable de bosser dix heures par jour sans sourciller !

Le gars lui répond :

– Laissez-moi vous montrer de quoi je suis capable.

– OK, voici une hache. Tu vois cet érable gigantesque là-bas, va l'abattre.

Alors le petit gars s'en va au pied de l'arbre, et en une minute l'arbre est par terre. Le chef d'exploitation n'en revient pas. Il lui demande :

– Mais où as-tu appris à couper un arbre aussi vite ?

– Au Sahara...

– Tu veux dire, dans le désert du Sahara ?

Alors le petit gars rigole et dit :

– Ouais, c'est comme ça qu'ils l'appellent maintenant.

Sandy entre dans un magasin :
– Bonjour, je voudrais un téléphone portable.

Le vendeur lui demande :
– SFR ?

Sandy répond sur un ton agacé :
– Non, mais elle va apprendre, elle est pas plus bête qu'une autre !

27
MAI
5 h 56 21 h 40
St Hildebert

En arrivant le matin au bureau,
un cadre dit à son collègue :
– J'ai été patient, j'ai attendu, attendu, maintenant ça suffit ! J'ai rendez-vous à dix heures chez le patron, et là je vais lui dire :
« Ou vous m'augmentez, ou je m'en vais ! »

– Tu vas vraiment le lui dire comme ça ?

– Et comment !

Et à dix heures moins deux, il se lève.
Dix minutes plus tard, il est de retour.

– Alors ? demande son collègue, tu as obtenu ce que tu voulais ?

– Ce n'est pas aussi simple que ça.
Quand il y a deux points de vue opposés, il faut savoir négocier. Alors nous avons discuté, et finalement on a coupé la poire en deux : lui ne m'augmente pas, et moi je reste…

28
MAI
5 h 55 21 h 41
St Germain

– Monsieur le commissaire, annonce un mari éperdu, je viens vous déclarer la disparition de ma femme. Elle était sortie pour promener le chien et voilà une semaine qu'elle n'est pas rentrée à la maison.

– Pouvez-vous me donner son signalement ?

– Elle a les yeux verts. Non, bleus… Non, verts, verts… Enfin je crois.

– Bien, dit le commissaire en soupirant. Et le chien, il était de quelle race ?

– Briard. Soixante-cinq centimètres au garrot, poil fauve clair, truffe noire, yeux marron foncé, numéro de tatouage VRZ 985…

Papa kangourou interroge son fils :
– Alors mon chéri,
ça s'est bien passé ton contrôle ?

– Pas de problème papa,
c'est dans la poche.

30
MAI
5 h 53 21 h 43
St Ferdinand

Un garagiste arrive chez le docteur :

– Docteur, aidez-moi, je suis crevé !

31

MAI

5 h 53 21 h 44

Visitation

Deux amis
se rencontrent
après plusieurs années.
Ils discutent sur leur vie passée…

L'un demande à l'autre :
– Et comment va ta vie sentimentale ?

– Comme le Coca-Cola…

– Ah ! Super ! Pleine de bulles hein ?

– Rien de tout ça…
Avant c'était « normal »,
puis ce fut « light »
et maintenant c'est « zéro ».

1er
JUIN
5 h 52 21 h 45
St Justin

Deux copains discutent :

– J'en ai marre, c'est la deuxième fois qu'on me vide ma cuve à mazout, pourtant la bouche de remplissage est bien cachée sous une vasque de fleurs !

– Moi j'ai résolu le problème, lui dit son ami, j'ai acheté un gros bouchon rouge avec MAZOUT marqué dessus en blanc !

– T'es fou ? Ils n'ont même plus à chercher !

– Ben ouais, mais le tuyau n'est pas relié à ma cuve à mazout… Il est raccordé à ma fosse septique et ça fait trois fois que les cons me la vident gratuit en six mois !

2

JUIN

5 h 51 21 h 46

Ste Blandine

Deux gars errent dans le désert
depuis plusieurs jours. Ils meurent de soif.

– J'ai un truc infaillible pour lutter contre la soif,
déclare le premier.

– Ah ouais, c'est quoi ? interroge le second.

– Il faut sucer des cailloux…

– Alors c'est foutu,
ici il n'y a que du sable à perte de vue.

Long silence. Les deux naufragés du désert
reprennent leur pénible progression
sur les dunes brûlantes.

– On serait sauvés si on trouvait une rivière,
s'exclame soudain le second.

– Tu as raison, réfléchit le premier,
au fond des rivières
il y a toujours des cailloux…

Une femme entre dans
une pharmacie et demande de l'arsenic…

– Que comptez-vous en faire ?
lui demande le pharmacien, soupçonneux.

– C'est pour tuer mon mari…

– Quoi ? Vous plaisantez ! Je ne peux pas vous vendre
de quoi commettre un meurtre !

Très calmement la femme ouvre alors son sac à main,
et en sort une photo de son mari
avec la femme du pharmacien…

– Ah, évidemment, lui dit ce dernier,
si vous avez une ordonnance,
c'est différent…

Un cadre remarque soudainement que son collègue porte une boucle d'oreille.

Le sachant très conservateur,
il trouve ce changement surprenant
et l'interroge :
– Je ne savais pas que tu aimais
les boucles d'oreille…

– Ça va, n'en fais pas tout un plat,
c'est juste une boucle d'oreille,
répond le collègue, manifestement gêné.

– Ah tiens ! Et depuis quand tu la portes ?

– Depuis que ma femme
l'a trouvée dans notre lit…

Un bébé héron demande à son papa :
– On est des quoi, nous,
des tapons ?
– Mais non, on est des hérons,
petit, pas tapons !

6
JUIN
5 h 49 21 h 50
St Norbert

Pourquoi les boîtes aux lettres à Prague sont à 2 mètres de haut sur les poteaux ?

Parce que les Tchèques postent haut.

7

JUIN

5 h 48 — 21 h 51

St Gilbert

Un jeune cadre dynamique qui s'apprête à quitter son bureau vers les 20 heures, croise le directeur général de sa boîte en face du broyeur de documents, une feuille de papier à la main.

– Ah jeune homme ! Vous allez pouvoir m'aider. C'est un document très important et ma secrétaire vient de partir ; sauriez-vous faire fonctionner cette machine ?

Le jeune cadre répond :
– Certainement, Monsieur.

Il branche la prise, insère le papier dans la fente et celui-ci est aussitôt broyé.

Et alors que son papier disparaît, le directeur général dit :
– Excellent ! Une seule copie suffira.

8
JUIN
5 h 48 21 h 51
St Médard

WHOOSH!
OMG!!!
?!!!

Dans un congrès,
deux grands professeurs de médecine qui se détestent cordialement discutent.

– Il semble prouvé, dit l'un, que manger régulièrement du poisson est excellent pour le développement de l'intelligence.

– Moi, j'adore le poisson, répond l'autre. J'en mange une fois par jour depuis au moins quinze ans.

– Ah ! s'écrie son ennemi, alors voilà encore une belle théorie qui s'effondre.

9
JUIN
5 h 48 21 h 52
Ste Diane

Un canard va dans un bistrot, il s'installe, mais sans passer de commande. Au bout d'un moment, le serveur va le voir :

– Il fait chaud aujourd'hui, vous devez avoir soif.

– Je ne sais pas. C'est combien une limonade ?

Le serveur répond :

– 15 euros.

Le canard ne passe toujours pas de commande et le serveur s'occupe d'autres clients. Un quart d'heure plus tard, le serveur revient à la charge pour le faire consommer :

– Toujours pas soif ?

– Non.

– C'est étrange, on ne voit pas beaucoup de canards par ici.

– Tu m'étonnes… à 15 euros la limonade !

C'est un gars qui rend visite à son pote. Il le trouve en train de jouer aux échecs avec son chien ! Après avoir retrouvé tous ses esprits, le gars dit :

– J'en crois pas mes yeux ! C'est le chien le plus intelligent que j'ai jamais vu !

Et l'autre répond :

– Mouais… Il n'est pas si intelligent que ça : je l'ai battu trois fois sur les cinq parties qu'on a jouées ensemble.

11

JUIN

5 h 47 21 h 53

St Barnabé

Que fait une baleine lorsqu'on la chatouille ?

Elle dit : « C'est assez ! J'ai le dos fin ! »
Et elle se cache à l'eau...

12
JUIN

5 h 47 21 h 54

St Guy

Le mari :
– Ça fait cinq ans qu'on est mariés, et on n'est jamais parvenus à être d'accord sur quelque chose.

La femme :
– C'est faux. Ça fait six ans qu'on est mariés.

13
JUIN

5 h 47 21 h 55

St Antoine de Padoue

Dans un bar, un gars se confie
à ses copains :
– Je suis vraiment un homme heureux.
Je n'avais jamais réalisé à quel point
ma femme m'aimait, jusqu'à l'autre jour,
où j'ai été cloué au lit par une bonne grippe.

– Et alors, qu'est-ce qui s'est passé ?
demandent les autres.

– Elle était tellement contente
que je sois à la maison, répond le mari,
qu'à chaque fois que quelqu'un sonnait
à la porte, comme le facteur ou l'agent EDF,
elle criait : « Mon mari est à la maison !
Mon mari est à la maison ! »

– Ta femme est en vacances ?

– Oui, et je lui écris tous les jours !

– Ça alors, c'est de l'amour
ou je ne m'y connais pas !

– En fait, en partant, elle m'a dit :
« Si tu ne m'écris pas tous les jours,
je reviens tout de suite ! »

15
JUIN

5 h 46 21 h 56

Ste Germaine

La femme :

– Qu'est-ce que tu aimes le plus chez moi ? Mon esprit ou ma beauté naturelle ?

Le mari :

– Ton sens de l'humour !

16
JUIN

5 h 46 21 h 56

Fête des pères
St Jean-François Régis

Pourquoi, en France, dit-on :
« Aller aux toilettes »,
alors qu'en Belgique,
on dit : « Aller à la toilette » ?

Parce qu'en France,
il faut en faire plusieurs
avant d'en trouver une propre.

Un Marseillais sort son bateau pour une petite virée qui dégénère. Il fait naufrage sur une île déserte.

Au bout de trois ans, il voit apparaître un bateau à l'horizon… Il allume un feu, fait des grands signes, avant d'être repéré.

Le bateau s'approche de l'île et… oh, bonheur ! le bateau s'appelle « La Canebière ».

Les gars le recueillent…

– Ça fait trois ans que t'es ici sans boire un pastaga, houla !

– Oh oui, peuchère !

– Allez, va, on t'offre le pastis…

Et il boit le pastis.

– Ça fait trois ans que t'as pas mangé de bouillabaisse ?

– Ben oui, trois ans…

Et le cuistot lui mitonne une délicieuse bouillabaisse, qu'il engloutit.

– Alors, ça fait aussi trois ans que t'as pas tiré ?

– Oh, les copains, c'est pas vrai ! Vous avez même amené les boules ?

C'est un électricien qui dit à son apprenti :
– Roger,
prends un de ces deux fils, s'il te plaît.

– Ça y est, j'en ai un.

– Tu ne sens rien ?

– Non, rien du tout...

– OK, alors, ça doit être l'autre.
Surtout n'y touche pas,
il y a du 2000 volts dessus !

19
JUIN
5 h 47 21 h 57
St Romuald

Un journaliste demande
à un peintre :
– Pourquoi ne peignez-vous
que des paysages ?

– Parce que jamais un arbre
n'est venu me dire
qu'il n'était pas ressemblant !

20
JUIN
5 h 47 21 h 57
Été • St Silvère

Dans une librairie française,
un homme achète un livre,
dont le titre est
Comment éviter de payer ses impôts.

Le vendeur lui annonce alors :
– L'auteur vient d'écrire un autre livre.

– Ah oui, et quel en est le titre ?

– *Mes 10 années de prison.*

21
JUIN
5 h 47 21 h 58
St Rodolphe

Un petit garçon dit à sa mère
en rentrant chez lui :
– Aujourd'hui, j'ai pris le bus avec papa.
Il m'a dit de laisser ma place à une dame…

La maman lui répond :
– C'est très bien mon petit,
tu as fait une bonne action.

– Mais maman, j'étais assis
sur les genoux de papa !

22
JUIN

5 h 47 21 h 58

St Alban

Un homme est invité à déjeuner chez des amis. Le couple qui le reçoit a la cinquantaine et vient de fêter ses noces d'argent. Après le repas, pendant que Madame prépare le café, Monsieur prend son hôte par le bras et lui souffle sur le ton de la confidence :

– Dis donc, tu m'épates, après 25 ans de mariage, tu continues d'appeler ta femme par des petits noms comme « Ma chérie », « Mon amour », « Mon bébé », etc. Vraiment, je t'admire !

Et le mari lui répond à l'oreille :

– Pour être honnête… J'ai oublié son prénom !

23

JUIN

5 h 47 21 h 58

Ste Audrey

Un coiffeur demande à un client
quelle coupe il désire.

L'homme répond :
– Je voudrais : rasé sur le côté gauche,
la banane mais juste à droite et de travers,
la brosse sur le dessus mais avec un trou au milieu,
la nuque dégarnie mais avec quelques
touffes par-ci par-là.

Le coiffeur lui dit que ce n'est pas possible
car ce n'est pas une coupe. L'homme lui répond :
– Ah ouais ? Pourtant c'est ce que
vous m'avez fait la dernière fois.

– Notre chef est mort,
c'est très triste, évidemment.
Mais qui est l'autre personne décédée ?

– L'autre personne ?

– Ben, oui. Sur le faire-part il était écrit :
« Avec lui disparaît
notre meilleur collaborateur. »

25
JUIN
5 h 48 21 h 58
St Prosper

Un chimiste, un électronicien, un mécanicien et un informaticien font une virée en voiture lorsque le moteur se met à déconner puis à s'arrêter.

Le mécano :
– À mon avis, c'est la transmission qui a lâché.

– Non ! Je ne crois pas, dit l'ingénieur chimiste. À mon avis, ce problème provient des acides de la batterie.

– Mais non ! dit l'électronicien. C'est l'électronique qui est défaillant !

Enfin, l'informaticien :
– J'ai la solution. On ferme toutes les fenêtres, on sort tous les quatre et après on entre à nouveau. Ça devrait marcher, faites-moi confiance.

Un type rentre chez lui
à sept heures du matin.
Son épouse, les poings sur les hanches,
lui hurle dessus :
– Tu peux me donner une bonne raison,
une seule, pour rentrer
à une heure pareille ?!

– Oui, ma chérie…
le petit déjeuner !

27
JUIN
5 h 49 21 h 58
St Fernand

– Madame, Madame, venez vite !
Monsieur est tombé dans l'escalier
avec des caisses de bouteilles dans les mains
Et je crois bien que Monsieur s'est coupé !

– Oh mon Dieu ! Mais dites-moi Germaine,
Monsieur montait ou il descendait ?

– Monsieur descendait, Madame.

– Bon, ça va alors.
Les bouteilles étaient vides !

28
JUIN

5 h 49 21 h 58

St Irénée

Deux puces sortent d'un cinéma
et s'aperçoivent qu'il pleut.
L'une d'elle demande :
« On rentre à pied
ou on prend un chien ? »

29
JUIN
5 h 50 21 h 58
St Pierre, St Paul

Avez-vous entendu parler
des deux personnes
qui ont volé un calendrier ?

Ils ont pris chacun six mois.

30
JUIN

5 h 50 21 h 58

St Martial

Quand quelqu'un
de triste
joue aux jeux vidéo,
on peut dire
qu'il se console.

1er
JUILLET

☀ 5 h 51 ☀ 21 h 58

Fête nat. Canada
St Thierry

Un monsieur entre dans un restaurant
et demande au serveur :

– Est-ce que vous servez des nouilles ici ?

– Non, on sert tout le monde, monsieur...

2
JUILLET
5 h 52 21 h 57
St Martinien

Un vulcanologue gravit un volcan avec difficulté. Arrivé en haut, il s'arrête au bord du cratère pour souffler, lorsqu'il entend une voix caverneuse lui demander :

– Ça ne te dérange pas si je fume ?

3

JUILLET

5 h 52 21 h 57

St Thomas

Toto fait semblant d'être malade :
– Allô ? Toto est malade,
il ne viendra pas aujourd'hui !

– C'est qui au téléphone ?

– C'est ma maman !

4
JUILLET

☀ 5 h 53 ☀ 21 h 57

St Florent

Un policier arrête un automobiliste.

– *Vous n'aviez pas vu le feu rouge ?*

– Si, mais c'est vous que je n'avais pas vu !

5

JUILLET

5 h 54 21 h 56

St Antoine

J’ai trouvé la fève dans la galette
en croquant dedans…
Du coup, demain
je vais chez le dentiste
pour chercher ma couronne !

6
JUILLET
5 h 54 21 h 56
Ste Mariette

WHOOSH!
ET
OMG!!!
?!!!

Deux asticots se retrouvent
dans une pomme :
– Tiens ! Je ne savais pas
que vous habitiez le quartier !

7
JUILLET
5 h 55 21 h 55
St Raoul

Un type rêve et appelle
« Thérèse ! Thérèse ! »
Au réveil, sa femme lui demande qui est cette Thérèse. Il explique que c'est un cheval sur lequel il avait parié hier aux courses et qu'il l'encourageait de la voix, pris dans son rêve.

Le soir, sa femme lui dit calmement :
– À propos, tu sais, il y a ton cheval qui a téléphoné !

Melon et Melèche font une tarte.

Comment se répartissent-ils les tâches ?

Melon prépare la pâte
et Melèche les pruneaux.

9
JUILLET

☀ 5 h 57 ☀ 21 h 54

Ste Amandine

Quelle est la différence entre tomber du 1er ou du 10e étage ?

– Tomber du 1er : PAF ! Ahhhhh !

– Tomber du 10e : Ahhhhh ! PAF !

10

JUILLET

5 h 58 · 21 h 54

St Ulrich

Un intellectuel propose un jeu à un imbécile :
– Si je te pose une question et que tu ne connais pas la réponse, tu me donnes 1 euro.
Inversement, si tu me poses une question et que je ne connais pas la réponse, je te donne 100 euros.

– D'accord, répond l'imbécile.

L'intellectuel commence :
– Qu'est-ce qui a quatre pattes et qui fait « miaou » ?

– Ché pas, dit l'imbécile qui verse alors 1 euro.

– Qu'est-ce qui a quatre pattes et qui fait « ouaf » ?

– Ché pas, dit l'imbécile qui verse alors 1 euro.

À son tour, l'imbécile lui demande :
– Qu'est-ce qui a huit pattes le midi puis quatre pattes le soir ?

Surpris, l'intellectuel cogite pendant 10 minutes, puis annonce résigné :
– Je ne vois vraiment pas…

L'intellectuel débourse alors 100 euros, et lui dit :
– Alors quelle est la réponse à la question ?

– Ché pas, répond l'imbécile qui lui reverse 1 euro.

Deux poules se rencontrent :

– Comment ça va ma cocotte ?

– Pas très bien. Je crois que je couve quelque chose !

12

JUILLET

6 h 00 21 h 52

St Olivier

C'est un vendredi 13.
Un gars entre dans un bar l'air déprimé.

Le barman lui demande :
– Qu'est-ce qui ne va pas aujourd'hui ?

– Rien ne va ! Ma femme m'a quitté pour mon meilleur ami ! Cet ami était aussi mon associé en affaires, et il est parti avec tout l'argent, donc je suis en faillite...

– Ouais, ça va mal, tiens prends un verre à ma santé...

– Ce n'est pas tout... Cet après-midi, alors que je revenais de l'enterrement de mes deux fils, j'ai fait une fausse manœuvre et un autobus a dû se jeter dans le fossé pour m'éviter... aucun survivant.

– Tu es vraiment malchanceux, dit le barman.

– Oui, tu l'as dit ! Comme si ce n'était pas assez, lorsque les policiers m'ont raccompagné chez moi, j'ai retrouvé ma maison brûlée au complet, y compris mon chat et mon chien.

– Ouais, dis, y'a quelque chose de positif dans ta journée ?

– Oui, mon test PCR...

13
JUILLET
6 h 01 21 h 51
St Henri, St Joël

James Bond, Robin des Bois et Rambo
font un concours de tir.

Ils prennent un passant sur leur chemin,
le plaquent contre un arbre
et lui flanquent une pomme sur la tête.

James Bond commence à tirer.
La pomme explose, le gars est sain et sauf.
En soufflant la fumée du canon, il dit :
– Bond, James Bond.

Robin est le deuxième à tirer. Il vise, tire
et sa flèche se plante dans la pomme.
Robin dit à son tour :
– Bois, Robin des Bois.

Rambo est le dernier à tirer.
Il sort deux mitrailleuses et tire :
la pomme et la tête du gars explosent. Il dit :
– *Sorry, fuckin' sorry !*

Un patron souhaite embaucher un comptable et soumet son offre à Pôle emploi. Le lendemain, un militaire en reconversion se présente sur les suggestions de l'organisme. Le patron lui demande :

– Savez-vous compter ?

– Oui bien sûr !

– Allez-y.

– Facile ! UN DEUX, UN DEUX, UN DEUX…

Connaissez-vous la blague sur les magasins ?

Oui, mais elle n'a pas supermarché…

16

JUILLET

☀ 6 h 04 ☀ 21 h 49

Notre-Dame du Mont Carmel

Un retraité attend sa femme partie
à l'institut de beauté.
Au bout de trois heures, elle revient.
Il lui demande :

– C'était fermé ?

17

JUILLET

6 h 05 21 h 48

Ste Charlotte

Une femme dans la quarantaine poursuit en vain un éternel régime. Un jour, après s'être lamentée sur son sort, elle demande à son mari :

– Qu'est-ce que tu préfères ? Avoir une femme maigre et grincheuse ou une femme grosse et joviale ?

– Combien de kilos te faut-il encore pour devenir joviale ?

18

JUILLET

6 h 06 21 h 47

St Frédéric

Dans un salon de coiffure,
le patron demande à une candidate :
– Êtes-vous douée en maths ?

– Oui, tout à fait !

– OK alors faisons un test : 4 x 3 ?

– 24 !

Les autres coiffeuses disent :
– Laissez-lui une autre chance !
Laissez-lui une autre chance, s'il vous plaît !

– Bon OK... 5 x 5 ?

– 48 !

Les autres coiffeuses insistent :
– Laissez-lui une autre chance !
Laissez-lui une autre chance, s'il vous plaît !

– Bon dernière fois... 2 x 9 ?

– 18 !

Et les coiffeuses :
– Laissez-lui une autre chance !
Laissez-lui une autre chance !

19
JUILLET
6 h 07 21 h 46
St Arsène

Petite question :
Si on découpe son masque
dans un soutien-gorge,
devient-on porteur sein ?

20
JUILLET
6 h 08 21 h 45
Ste Marina

Deux gommes
se rencontrent en ville,
l'une d'elle dit à l'autre :
– Ça va ?

L'autre lui répond :
– Gomme si, gomme ça…

21
JUILLET

6 h 09 21 h 44

Fête nat. Belgique
St Daniel, St Victor

C'est un gars qui pose
des mouchoirs sur une table.

Un autre arrive et lui demande :
– Qu'est-ce que tu fais ?

– Je mets des mouchoirs
pour éloigner les girafes !

– Mais il n'y a pas de girafe !

– Bah ! c'est normal puisque
j'ai mis des mouchoirs !

22
JUILLET
6 h 11 21 h 43
Ste Marie-Madeleine

C'est un citron et une vache
qui font un hold-up, le citron dit :
– Plus un zeste !

La vache se tourne
vers les otages et rajoute :
– Que personne ne bouze !

23
JUILLET

6 h 12 21 h 42

Ste Brigitte

Deux fous veulent sortir d'un asile.
Le premier dit :
– Si la barrière est trop haute
nous passerons en dessous.

Le deuxième dit :
– Si la barrière est trop basse
nous passerons au-dessus.

Le premier s'en alla voir
et se retourna en pleurant.

– Qu'est-ce que tu as ?

– On ne pourra pas sortir !

– Pourquoi ?

– Parce que la barrière est ouverte...

– Tu connais
l'histoire du nombril ?

– Non.

– Bril !

25
JUILLET

6 h 14 21 h 39

St Jacques

– Pourquoi les éléphants mettent-ils des lunettes de soleil ?

– Pour passer incognito…

– T'as déjà vu un éléphant avec des lunettes de soleil ?

– Non.

– Ben c'est que ça marche alors…

26
JUILLET
6 h 15 21 h 38
Ste Anne, St Joachim

– Toc toc toc !

– Qui est là ?

– C'est Sam.

– Sam qui ?

– C'est Sam, ouvre-moi !

27
JUILLET

☀ 6 h 17 ☀ 21 h 37

Ste Nathalie

L'amour,
c'est comme le rugby,
ça commence par une touche
et ça finit
par un plaquage !

28
JUILLET

6 h 18 21 h 35

St Samson

Qu'est-ce qui est rouge
et va vite ?

Une fraise, of course.

29
JUILLET

6 h 19 21 h 34

Ste Marthe

Un hérisson s'est perdu
dans le désert.

Soudain
il se cogne à un cactus et dit :
– Maman ?

30
JUILLET
☀ 6 h 21 ☀ 21 h 33
Ste Juliette

C'est un homme qui croise
un de ses copains dans la rue :
– Tiens, José, ça va ?

– Eh bien, figure-toi que ma belle-mère
est morte la semaine dernière…

– Oh mince, toutes mes condoléances !
Mais qu'est-ce qu'elle avait ?

– Bof, trois fois rien :
une vieille table, un buffet…

31
JUILLET

☀ 6 h 22 ☀ 21 h 31

St Ignace de Loyola

Une maman demande
à sa petite fille :
– Jennifer, tu peux m'aider
à changer ton petit frère ?

– Pourquoi il est déjà cassé ?

1er
AOÛT
6 h 23 21 h 30
Fête nat. Suisse
St Alphonse

Un Américain demande à un Japonais :
– Si la fin du monde était annoncée pour le mois prochain, que souhaiterais-tu faire avant ?

Le Japonais lui répond :
– Sans aucune hésitation devenir Français.

– Et pourquoi donc ? lui demande l'Américain.

Et le Japonais lui répond :
– Parce qu'ils retardent de 20 ans !

2
AOÛT
6 h 25 21 h 28
St Julien

En rangeant leurs papiers,
un couple de personnes âgées retrouve
un ticket de cordonnerie plein de poussière,
daté de 2005 !

Le lendemain, le monsieur intrigué
retourne dans le magasin.
Le commerçant part fouiller dans sa réserve,
revient avec des chaussures à talons et dit :
– Revenez mardi prochain, j'ai été
un peu débordé ces derniers temps !

3
AOÛT

6 h 26 21 h 27

Ste Lydie

C'est un condamné à
la chaise électrique qu'on emmène
pour son exécution.
Il demande au bourreau :
– Qu'est-ce qu'on va me faire ?

Le bourreau répond :
– Du calme, asseyez-vous
sur cette chaise,
on va vous mettre au courant !

4
AOÛT

6 h 27 — 21 h 25

St Jean-Marie Vianney

Qu'est-ce qui est vert avec une cape ?

Un concombre qui se prend pour Superman.

5
AOÛT
6 h 29 21 h 24
St Abel

Papa est fâché.

Toto a eu un zéro à sa rédaction.

– Comment cela se fait-il ? D'habitude, tu as de très bonnes notes en rédaction…

– Ben… répond Toto.

– Fais-moi voir ton texte !

Et papa commence à lire :
« En me promenant dans la forêt, au détour d'un chemin, j'ai vu un caca tout vert : c'était le caca d'Albert. Un peu plus loin, j'ai vu un caca tout noir : c'était le caca d'Édouard. Au pied d'un arbre, j'ai vu un caca tout gris : c'était le caca de Denis… »

– Mais qu'est-ce que c'est que ça, Toto ?

– Ben… c'était le sujet quoi !

Et papa lit le sujet :
« C'est dans le besoin que l'on reconnaît ses amis ! »

C'est une jolie petite antenne
de télé qui est tombée amoureuse
d'un paratonnerre. Elle murmure :
– Dis, tu y crois toi,
au coup de foudre ?

7
AOÛT
6 h 31 21 h 21
St Gaétan

Deux gars discutent :
– Tu ferais quoi si aujourd'hui, c'était la fin du monde ?

– Je tirerais sur tout ce qui bouge, et toi ?

– Je ne bougerais pas…

8
AOÛT

6 h 33 21 h 19

St Dominique

Lundi : je creuse.

Mardi : je creuse.

Mercredi : je creuse.

Jeudi : je creuse.

Vendredi : je creuse.

Samedi : je creuse.

OK, la blague est plate
mais le trou est profond !

WHOOSH!
EET
OMG!!!
?!!!

Pourquoi les fichiers zip sont de moins en moins courants ?

Car ils sont rar.

10
AOÛT
6 h 36 21 h 16
St Laurent

Deux anges font la causette :
– Quel temps fera-t-il demain ?

– Nuageux.

– Ah tant mieux,
on pourra s'asseoir !

11
AOÛT

☀ 6 h 37 ☀ 21 h 14

Ste Claire

Un fermier célibataire a un troupeau de mille vaches, mais un seul taureau.

Un visiteur s'exclame en les voyant :
– Qu'est-ce que vous avez
un grand troupeau !
Vous devez être bien heureux !

– Oui, répond mollement le fermier, mais pas autant que le taureau.

12
AOÛT

6 h 38 21 h 12

Ste Clarisse

Tu connais la blague du lit vertical ?

– Non.

– C'est une histoire à dormir debout…

13

AOÛT

6 h 40 21 h 10

St Hippolyte

Deux grands-mères alsaciennes
Marie-Ernestine et Marie-Joséphine
se retrouvent côte à côte chez la coiffeuse.
Elles en profitent pour discuter,
histoire de passer le temps.

– Eh bien, figure-toi Marie-Joséphine
que mon fils et sa femme sont allés s'installer
à Wissembourg ! Un peu plus près
de la famille de sa femme.

– Wissembourg, mais c'est où ?

– Eh bien, vers la frontière au-dessus de Haguenau.

– Ah oui ! je vois... Eh bien, figure-toi
Marie-Ernestine que ma petite fille,
la petite dernière, va se marier !

– Vraiment ? Félicitations ! Et le mari il vient d'où ?

– De Faïsbouck, mais ne me demande pas où c'est.

Un enfant dit à son père :
– Papa y a quoi
entre les jambes de maman ?

– Le paradis mon fils.

– Et entre les tiennes ?

– Les clés du paradis.

– Bah tu devrais les changer,
le voisin a le double !

15
AOÛT

6 h 43 21 h 07

Assomption • Ste Marie

Une femme qui monte dans un autobus bondé s'approche d'un monsieur assis et lui dit :
– Pourriez-vous me laisser votre place, s'il vous plaît, je suis enceinte…

L'homme répond :
– Oui, bien sûr.

Il se lève et lui laisse sa place, puis demande :
– Mais ça ne se voit pas du tout. Ça fait combien de temps ?

Et elle répond :
– Dix minutes. Mais ça m'a coupé les jambes !

16
AOÛT
6 h 44 21 h 05
St Armel, St Roch

Un jeune homme entre
chez le boucher et lui dit :
– Bonjour monsieur,
je voudrais la main de votre fille.

Le boucher répond :
– D'accord, avec ou sans os ?

17
AOÛT

6 h 45 21 h 03

Ste Jeanne

Trois hommes sont morts,
ils attendent devant la maison de saint Pierre.

Saint Pierre arrive et dit :
– La route pour le paradis est longue,
plus de fois vous aurez trompé votre femme
et moins vous aurez un moyen de transport rapide.

Le premier a trompé sa femme plusieurs fois,
alors il repart avec une Renault Twizy.

Le deuxième a trompé sa femme trois fois,
alors il repart avec une BMW.

Le troisième n'a jamais trompé sa femme
alors il repart avec une Ferrari.

Quelques instants plus tard, l'homme à la Ferrari
s'arrête sur le bas-côté et commence à pleurer…

Celui à la Renault s'arrête à côté
et lui demande pourquoi il pleure.

Il lui répond :
– Je viens de voir
passer ma femme en bicyclette…

18
AOÛT
6 h 47 21 h 01
Ste Hélène

Un couple fait refaire les peintures de son appartement.

Le soir, en rentrant du bureau, le mari, croyant que c'est sec, met la main sur une porte et laisse des traces de doigts.

Le lendemain, quand le peintre arrive, la femme lui dit :
– Venez dans la chambre, je vais vous montrer l'endroit où mon mari a mis la main hier soir...

Et l'autre répond :
– Sans vouloir vous vexer, madame, je préférerais un verre de vin...

19
AOÛT

6 h 48 20 h 59

St Jean Eudes

Je veux faire ma tartine !

Si le ski alpin, qui a le beurre et la confiture ?

20

AOÛT

6 h 50 20 h 58

St Bernard

C'est l'histoire de Why.

Why est bûcheron, car depuis tout petit, Why aime scier !

21

AOÛT

6 h 51 20 h 56

St Christophe

Si on rate très très souvent le bus,
on peut dire qu'on est
ceinture noire de car raté ?

22
AOÛT

6 h 52 20 h 54

St Fabrice

Deux manteaux discutent dehors :

– Moi, c'est Bill et toi ?

– Ça alors, moi c'est Bill aussi !

– Incroyable !
Nous sommes des Bill manteaux.

23

AOÛT

6 h 54 20 h 52

Ste Rose

Un touriste français visite les États-Unis.

Arrivé au Texas, il s'arrête dans un motel, et commande au restaurant une *chef's salad* et un hot dog.

Le serveur lui amène un énorme saladier rempli à ras bord, en lui disant avec un grand sourire :
– Au Texas, monsieur, tout est géant…

Il réussit à peine à ingurgiter le hot dog composé d'une baguette de pain coupée en deux, à l'intérieur de laquelle il y a une saucisse de près d'un mètre.

– Au Texas, lui redit le serveur, tout est géant…

À la fin du repas, le Français demande où sont les toilettes.

– Au fond du couloir, à droite, la troisième porte…

Il y va, se trompe de porte, et tombe dans la piscine.

Alors il hurle :
– Ne tirez pas la chasse !

C'est une jeune fille qui vient
prendre place dans le confessionnal.

Elle se penche à la grille du parloir et commence :
– Pardonnez-moi mon père,
parce que j'ai péché.

– Allez-y mon enfant, parlez,
quel péché avez-vous commis ?

– Mon père, j'ai commis le péché de vanité.
Deux fois par jour, je me contemple devant
le miroir en me disant que je suis magnifique.

À ce moment-là, le curé se penche
à la grille et observe longuement
la jeune fille, puis il lui dit :
– Mon enfant, j'ai une bonne nouvelle pour vous :
ce n'est pas un péché, c'est simplement une erreur !

25
AOÛT

6 h 57 20 h 48

St Louis

Pourquoi les hérissons traversent la route ?

Pour montrer ce qu'ils ont dans le ventre !

26
AOÛT

6 h 58 20 h 46

Ste Natacha

C'est l'histoire d'un poil.
Avant il était bien.
Maintenant il est pubien.

27
AOÛT

☀ 7 h 00 ☀ 20 h 44

Ste Monique

Un clown arrive
chez le docteur :

– Docteur, aidez-moi,
je me sens tout drôle !

28
AOÛT
7 h 01 20 h 42
St Augustin

– Tu t'appelles comment ?

– Sandra.

– T'as pas froid la nuit !?

29

AOÛT

7 h 02 20 h 40

Ste Sabine

Marcel va voir son ami André
qui vend des saucisses et des frites
devant la banque :
– Dis-moi, je ne vais pas arriver
à payer mon loyer, tu pourrais m'aider,
toi qui as un métier qui marche ?

– Je voudrais bien mon vieux mais impossible.
J'ai un accord avec la banque :
moi, je ne prête pas d'argent,
et eux, ils ne vendent pas
de saucisses.

30
AOÛT

7 h 04 20 h 38

St Fiacre

Le gruyère demande
au camembert :
– Qu'est-ce que tu fais ?
– J'apprends à nager
pour ne pas couler,
tu devrais faire pareil
avec tes trous.

31
AOÛT
7 h 05 20 h 36
St Aristide

La maman de Toto
s'approche de l'aquarium
et demande à Toto :
– Toto, as-tu changé
l'eau du poisson ?

– Non, il n'a pas encore tout bu !

1er
SEPTEMBRE
7 h 07 20 h 34
St Gilles

Deux nuages discutent :

– Tu t'es déjà cogné à un autre nuage ?

– Oui, mais c'était sans gravité.

2

SEPTEMBRE

7 h 08 20 h 32

Ste Ingrid

L'amour,
c'est comme l'arithmétique :
ça commence par un Bézout,
on s'envoie Euler dans Lagrange,
et ça finit par des Gauss...

3
SEPTEMBRE

7 h 09 20 h 30

St Grégoire

Samedi soir
Marcelline est allée à un bal costumé.
Le lundi matin au bureau, sa copine
s'empresse de lui demander :
– Alors c'était bien cette soirée ?

– Oh, c'était super !
J'ai dansé avec un mec génial
qui était déguisé en Adam !

– En Adam ? Et alors ?

– Eh bien, maintenant, je sais ce que ça veut dire
« être dur de la feuille » !

4
SEPTEMBRE
7 h 11 20 h 28
Ste Rosalie

Dans un coin sombre,
deux amoureux s'embrassent.

Des gamins les regardent.

L'un dit à l'autre :
– Vise un peu,
il essaie de lui piquer
son chewing-gum !

5
SEPTEMBRE

7 h 12 20 h 26

Ste Raïssa

Un homme sonne à la porte d'une vieille dame.

Celle-ci l'entrouvre et le vendeur commence son discours bien rodé :
– Bonjour, je suis ici pour vous présenter le dernier aspirateur de notre marque leader sur le marché. Je peux vous promettre que vous n'avez jamais vu tel bolide…

Mais la vieille dame n'en a que faire et coupe court à la conversation :
– Écoutez jeune homme, je suis fauchée comme les blés, alors vous pouvez ranger votre matériel.

Mais le démarcheur connaît son métier et finit par arriver à entrer dans la maison.

C'est alors qu'il sort un sac poubelle remplit de détritus et dit :
– Je vais renverser ce sac plein de déchets sur votre tapis et je vous promets que, si je n'arrive pas à tout aspirer avec ce formidable modèle d'aspirateur, je mangerai ce qu'il restera !

La vieille dame regarde dubitativement le commercial vider son sac par terre et dit :
– Jeune homme, je vais vous chercher une fourchette et un couteau, on m'a coupé l'électricité hier.

Un patient vient consulter,
et dit à son médecin :
– Docteur, je perds la mémoire.

– Depuis quand ?

– Depuis quand quoi ?

7
SEPTEMBRE

7 h 15 20 h 21

Ste Reine

Ophélie est désespérée et se confie
à sa copine Mary-Kate :
– À tous nos rendez-vous, il m'offre des fleurs.
C'est gentil mais elles sont toujours fanées...
– Essaie d'arriver à l'heure la prochaine fois !

8
SEPTEMBRE
7 h 17 20 h 19
St Adrien

Dans un petit village,
deux amis sont
attablés à la terrasse d'un café.

Soudain, la sirène d'incendie qui appelle
les pompiers bénévoles retentit.

Aussitôt un des gars se lève :

– Excuse-moi il faut que j'y aille...

– Tu es pompier ? demande
son copain étonné.

– Moi, non. Mais le mari
de ma maîtresse, oui !

9
SEPTEMBRE

7 h 18 20 h 17

St Alain

Madame Dubois achète
des œufs au marché.
Prudente elle demande :
– Ils sont pondus du jour au moins ?

– Bien sûr !
La nuit elles dorment mes poules !

10
SEPTEMBRE
7 h 19 20 h 15
Ste Inès

Deux ouvriers vont travailler sur la tour Eiffel.

Soudain, ils s'aperçoivent qu'ils ont oublié leur mètre.

À quelle hauteur sont-ils ?

Ils sont à 200 mètres (à deux sans mètre) !

WHOOSH!
ET
OMG!!!
?!!!

En classe de sciences naturelles, le professeur demande à un élève :

– Peux-tu me dire comment se reproduisent les hérissons ?

– En faisant très, très attention, m'sieur !

12
SEPTEMBRE

7 h 22 – 20 h 11

St Apollinaire

Deux types installés au comptoir
d'un café discutent :
– Les gens devraient dormir
en laissant leur fenêtre ouverte…

– Pourquoi, vous êtes médecin ?

– Non, cambrioleur !

13
SEPTEMBRE

7 h 24 20 h 09

St Aimé

Deux hommes qui ne se connaissent pas se retrouvent côte à côte dans un avion.

Un des deux hommes dit :
– Monsieur, je crois avoir déjà vu votre tête quelque part.

L'autre répond :
– Impossible, je l'ai toujours gardée sur moi !

14
SEPTEMBRE
7 h 25 20 h 07
Croix glorieuse

Un père et son fils sont sur la plage.

– Oh papa, regarde le beau bateau !

Le père sûr de lui répond :
– Fils, ce n'est pas un bateau
mais c'est un yacht !

– Ah oui, et comment ça s'écrit ?

– Heu… attends, non c'est toi
qui as raison, c'est un bateau.

15
SEPTEMBRE

7 h 26 20 h 04

St Roland

Une maman citron dit à ses enfants :
– Pour vivre longtemps,
il ne faut jamais être pressé !

16
SEPTEMBRE

7 h 28 20 h 02

Ste Édith

Un fils et son père marchent dans la rue.

– Dis papa, tu as vu la moto ?

– Oui !

Quelques secondes plus tard.

– Dis papa, tu as vu la dame ?

– Oui !

Quelques instants plus tard.

– Dis papa, tu as vu la voiture ?

– Oui !

Le père commence à être excédé…

– Dis papa, tu as vu la m… ?

– OUI !!!

– Alors pourquoi tu as marché dedans ?

Deux ballons discutent :

– Si on allait s'éclater ? dit l'un.

– T'es pas un peu gonflé ? lui répond l'autre.

18

SEPTEMBRE

☀ 7 h 31 ☀ 19 h 58

Ste Nadège

Qu'est-ce qu'une duche ?

Une douche sans o…

19

SEPTEMBRE

7 h 32 19 h 56

Ste Émilie

Un pou rencontre
un autre pou
qui ne marche pas bien droit,
il lui demande :
– Êtes-vous malade ?

– Non, je me suis pris
un coup de peigne…

20
SEPTEMBRE

7 h 34 19 h 54

St Jean-Charles

Un escargot a été agressé par deux tortues.

Il va porter plainte.
Le policier lui demande :
– Comment ça s'est passé ?

– Je ne sais plus,
tout est allé si vite !

21
SEPTEMBRE
7 h 35 19 h 52
St Matthieu

Avoue, tu tu tu tu tu tu tu tu tu tu
tu tu tu tu tu tu tu tu tu tu tu tu tu
tu tu tu tu tu tu tu tu tu tu tu tu tu
tu tu tu tu tu tu tu tu tu tu tu tu tu
tu tu tu tu tu tu tu tu tu tu tu tu tu
tu tu tu tu tu tu tu tu tu tu tu tu tu
tu tu tu tu tu tu tu tu tu tu tu tu tu
tu tu tu tu tu tu tu tu tu tu tu tu tu
tu tu tu tu tu tu tu tu tu tu tu tu tu
tu tu tu tu tu tu tu tu *es* tellement feignant
que tu n'as même pas lu tous les « tu » !

C'est maman nuage et petit nuage
qui se baladent. D'un coup, petit nuage
s'arrête et dit :
– Maman, j'ai envie de faire pluie-pluie...

23
SEPTEMBRE

7 h 38 19 h 47

St Constant

Un chien et un crocodile se rencontrent :

– Salut, sac à puces !

– Salut, sac à main !

24

SEPTEMBRE

7 h 39 19 h 45

St Anatole

Un arbre dit à un autre arbre :
– Tu ne voudrais pas
un nouveau feuillage ?

Et l'autre arbre lui répond :
– Non merci,
ça ne me branche pas trop...

25
SEPTEMBRE

7h41 19h43

St Hermann

Savez-vous quel est le sport le plus fruité au monde ?

La boxe parce que tu reçois une pêche en pleine poire, tu tombes dans les pommes et tu ne ramènes plus ta fraise...

26
SEPTEMBRE

7 h 42 19 h 41

St Côme, St Damien

– Tu étais où
pendant tes vacances ?

– La première semaine
dans les Alpes,
et la seconde
dans le plâtre…

27

SEPTEMBRE

7 h 44 19 h 39

St Vincent de Paul

Un client
commande une pizza.

Le pizzaiolo lui demande :
– Je vous la coupe en quatre
ou en six morceaux ?

– En quatre.
Je n'ai pas assez faim
pour six parts.

28
SEPTEMBRE

7 h 45 19 h 37

St Venceslas

– Tu veux une blague ?

– Oui.

– $6x^2+3x+2$

– Je n'ai pas compris.

– Normal, c'est du second degré…

29

SEPTEMBRE

☀ 7 h 47 ☀ 19 h 35

St Michel, St Gabriel

Un monsieur est seul,
dans sa chambre d'hôpital, avec
la tête enveloppée d'un solide pansement.

L'infirmière entre et lui dit :
– Mon pauvre monsieur,
votre femme doit vous manquer ?

L'homme lui répond :
– D'habitude oui,
mais cette fois-ci, elle m'a eu !
En plein dans le mille…

30
SEPTEMBRE

7 h 48 19 h 32

St Jérôme

La mère demande à Emma :

– Que fais-tu ?

– Rien !

– Et ton frère ?

– T'inquiète, il m'aide !

1er

OCTOBRE

7 h 49 19 h 30

Ste Thérèse de l'Enfant Jésus

En Floride
un touriste étranger, avant
de se baigner sur une plage
tranquille, demande à un pêcheur :

– Il y a des requins ici ?

– Non non, rassurez-vous,
il n'y en a plus depuis des années !

Il se baigne longuement et en sortant de l'eau
il demande au pêcheur :
– Comment avez-vous fait
pour vous en débarrasser ?

– Nous on n'a rien fait.
Les crocos s'en sont chargés...

2
OCTOBRE
7 h 51 19 h 28
St Léger

À la pharmacie, la vendeuse dit :
– On a des shampoings pour cheveux gras, des shampoings pour cheveux secs, des shampoings pour cheveux normaux…

Le client lui répond :
– Et sinon, vous en avez pour cheveux sales ?

3
OCTOBRE

7 h 52 · 19 h 26

St Gérard

La maîtresse demande à Toto :

– 3 et 3, ça fait combien ?

– Match nul, M'dame.

4

OCTOBRE

7 h 54 19 h 24

St François d'Assise

Tiens, quelqu'un frappe à la porte !

– C'est qui ?

– C'est Hulk !

– Vas-y entre c'est tout vert !

5

OCTOBRE

7 h 55 19 h 22

Ste Fleur

Deux grands-pères
discutent sur un banc :

– Dis, Georges, tu te souviens
du bromure qu'on nous donnait
pendant la guerre ?

– Pour sûr que je me souviens,
pourquoi tu me demandes ?

– Ben parce qu'il commence à faire effet...

WHOOSH!
T
OMG!!!
?!!!

Que donne un cochon
et un mouton qui s'accouplent ?

De la porcelaine !

7
OCTOBRE

7 h 58 19 h 18

St Serge

Deux fous jouent aux cartes
dans un hôpital psychiatrique.

L'infirmière arrive avec une seringue.

L'un d'eux dit :
– Tiens, voilà la dame de pique !

Denis rentre dans un bar
avec son smartphone dans la main.

Il voit le barman et lui demande :
– Quel est le mot de passe pour le WiFi ?

Le barman le regarde et lui dit :
– Vous devez acheter une consommation.

Denis lui commande alors un Coca-Cola.

Le barman lui dit :
– Nous n'avons que du Pepsi-Cola.

Denis approuve et lui demande le prix.

Le barman dit :
– Cela fera 3 euros.

Denis sourit, paye et demande :
– Alors quel est le mot de passe pour le WiFi ?

Le barman répond :
– vousdevezacheteruneconsommation,
sans espaces et sans majuscules.

C'est deux hommes qui discutent :

– À la maison, je suis le commandant. Par exemple, hier j'ai dit à ma femme : « Chérie, donne-moi de l'eau chaude ! »

– Et elle t'en a donné tout de suite ?

– Oui, tout de suite ! Moi, pour rien au monde, je ne ferais la vaisselle à l'eau froide.

– Oui, Monsieur le Commissaire,
mon père est maire, ma tante est sœur.

J'ai un cousin qui est frère
et mon frère est masseur.

11

OCTOBRE

8 h 04 19 h 10

St Firmin

Trois vieux retraités assis
sur un banc commencent à discuter :
– Que faites-vous pour vous occuper ?
dit le premier.
– Moi, je fais de la photo,
répond le deuxième.
– Moi, je jardine, répond le troisième.
– Et moi, je fais de la recherche,
rétorque le premier.
Les deux autres le regardent
et lui disent :
– De la recherche ?
– Oui. Tous les jours je cherche
mes lunettes, mon dentier, ma canne...

12
OCTOBRE
8 h 06 19 h 08
St Wilfried

Louis et Claire sont deux amoureux qui, un beau jour, décident de rompre.

Deux catastrophes se produisent alors :

Claire est devenue sourde depuis qu'elle a perdu Louis.

Louis est devenu aveugle depuis qu'il ne voit plus Claire...

13
OCTOBRE

8 h 07 19 h 06

St Géraud

Dracula et son ami
sortent un soir mais le temps
est épouvantable !

L'ami de Dracula lui demande :
– Est-ce que c'est une tornade ?

– Mais non, je te garantis
que j'ai déjà vu des vents pires !

14
OCTOBRE
8 h 09 19 h 04
St Céleste

Un jour, Dieu dit à Casto de ramer.

Et depuis, Castorama…

15

OCTOBRE

8 h 10 19 h 02

Ste Thérèse d'Avila

Une pomme est rouge, jaune
et verte. Comment l'appelle-t-on ?

On la pèle avec un couteau !

16
OCTOBRE

8 h 12 19 h 00

Ste Edwige

Deux potes discutent :

– Quand j'étais jeune, je détestais aller aux mariages parce que les vieux me mettaient une tape dans le dos en me disant « C'est toi le prochain ! »

– Ils ont arrêté ?

– Oui, quand j'ai commencé à leur faire la même chose pour les enterrements.

17

OCTOBRE

8 h 13 18 h 58

St Baudouin

Un Romain rentre dans un bar
et demande au barman un martinus.

– Un martini plutôt non ?

– Si j'en avais voulu plusieurs
je vous l'aurais signalé.

18

OCTOBRE

8 h 15 18 h 56

St Luc

Le roi s'est fait trancher la tête
et les moines ont eu la tête coupée,
pourtant il n'y a eu qu'un seul mort !

Qui est-ce ?

C'est le roi, car le roi s'est fait trancher
la tête et les moines ont récupéré la tête !

19

OCTOBRE

8 h 16 · 18 h 54

St René

Après avoir donné leurs cours, trois maîtres de judo se retrouvent dans un bar.

Le barman leur demande :
– Alors, vos élèves avancent dans leurs katas ?

Le premier maître dit :
– Mes élèves doivent avoir des origines espagnoles.

– Comment ça ?

– Ils font des katas lents (catalans).

Le deuxième maître dit :
– Les miens construisent un bateau !

– Comment ça ?

– Ils font des katas marrants (catamarans).

Le troisième maître dit :
– Les miens, c'est pas mieux !

– Comment ça ?

– Ils font des katas strophes !

Un homme signale
à son épouse qu'elle contrôle
difficilement ses sautes d'humeur
depuis qu'elle est ménopausée.
Pour l'aider, il lui offre une bague
qui change de couleur selon son humeur.

En effet, ça fonctionne :

Quand elle est de bonne humeur,
la bague émet une lueur verte.

Quand elle est furax, la bague laisse
une grosse marque rouge
au milieu du front de son mari.

Dans un sens, on roule dessus.
Dans l'autre, on marche dessus.
De quoi s'agit-il ?

Un passage piéton.

22
OCTOBRE

☀ 8 h 21 ☀ 18 h 48

Ste Élodie

Deux personnes qui font un tour en montgolfière
sont un peu perdues.
Elles décident de descendre un peu
pour demander leur chemin.
Elles aperçoivent deux hommes qui discutent
sur la route. Elles s'approchent et demandent :
– Excusez-nous, mais pouvez-vous
nous dire où nous sommes ?
Les deux hommes se regardent,
délibèrent un moment, puis répondent :
– Vous êtes dans une montgolfière !
Les deux personnes de la montgolfière, un peu surprises,
les remercient et reprennent de l'altitude.
Un peu plus loin, l'une dit à l'autre :
– À mon avis, ces deux-là, c'étaient des mathématiciens.
– Qu'est-ce qui te fait dire ça ?
– Eh bien, ils ont mis beaucoup de temps à nous
à répondre. Ce qu'ils nous ont dit est parfaitement
juste. Et ça ne nous sert absolument à rien.
Pendant ce temps, les deux mathématiciens disent :
– À mon avis, c'étaient des physiciens : ils nous posent
des questions évidentes, et après, s'ils sont perdus,
ça va être de notre faute !

X au carré se balade dans la forêt.
Quand il en ressort, il n'est qu'un simple X,
pourquoi ?

Parce qu'il a trébuché sur une racine.

24
OCTOBRE

8 h 24 18 h 45

St Florentin

Un jour, la maman de Kevin fit
du steak de bœuf. Elle lui dit :
– Alors Kevin, si tu manges ton steak,
tu deviendras fort comme un bœuf.

– Tu m'as déjà fait le coup du poisson
et je ne sais toujours pas nager !

25

OCTOBRE

8 h 26 18 h 43

St Crépin

Après plus d'un demi-siècle
de mariage, Monsieur meurt.
Quelque temps plus tard,
Madame aussi s'en va au ciel...

Au ciel elle retrouve son mari
alors elle court vers lui, l'enlace,
l'embrasse et lui dit tout émue :

– Mon chéri,
que c'est bon de te revoir !

C'est alors que Monsieur,
un tantinet agacé, lui répond :
– Ne me cherche pas Simone,
il me semble que le curé
avait été très clair :
« jusqu'à ce que la mort
nous sépare ! »

26
OCTOBRE
7 h 27 17 h 41
St Dimitri

Un homme s'énerve à la mairie :
– Mais enfin, voilà une demi-heure que je suis devant votre guichet !
– Et alors ? Moi cela fait quinze ans que je suis derrière !

27
OCTOBRE

☀ 7 h 29 ☀ 17 h 39

Ste Émeline

– Tu connais la blague du chocolat au lait ?

– Non.

– C'est normal, je l'ai déjà mangé.

28 OCTOBRE

7 h 30 17 h 38

St Jude, St Simon

– Papa, tu as bien dit que nos voisins sont du Midi ?

– Oui, pourquoi ?

– Ben nous, on est du matin ou du soir ?

29
OCTOBRE

☀ 7 h 32 ☀ 17 h 36

St Narcisse

Mon premier est un moyen
de locomotion,

Les perles peuvent former mon second,

Dans mon troisième,
on sert à boire,

Mon tout est un bonbon.

Qui suis-je ?

Un Carambar !

30
OCTOBRE

7 h 34 17 h 34

Ste Bienvenue

Monsieur et Madame Dezieu
ont une fille,
comment s'appelle-t-elle ?

Jacqueline.

31
OCTOBRE

7 h 35 17 h 32

St Quentin • Halloween

Deux types en voiture
s'arrêtent au feu rouge.

Le passager dit au conducteur :
– C'est vert.

... Pas de réponse.

Le passager répète :
– C'est vert !

... Toujours pas de réponse.

Le passager insiste :
– Je te dis que c'est vert !!!

Le conducteur répond enfin :
– Je ne sais pas moi...
une grenouille ?

Une femme parle à son mari :
– Chéri ?

– Oui ?

– L'autre jour, j'ai acheté un livre et je ne le retrouve plus. Tu te souviens, il s'appelait *L'art de devenir centenaire*. Qu'est-ce que tu en as fait ?

– Je l'ai jeté !

– Tu as du culot, je voulais le lire ! Pourquoi l'as-tu jeté ?

– Parce que j'ai vu que ta mère commençait à le lire !

Sur l'autoroute, un curé roulant à toute vitesse se fait prendre par le radar d'un hélicoptère de police. Un CRS l'intercepte au péage et commence à lui rédiger une contravention.

– Comment avez-vous su que j'allais à plus de 180 ? demande le prêtre énervé.

Sans quitter la contravention des yeux, le policier pointe le doigt vers le ciel.

– Ça m'étonnerait, rétorque l'homme d'église, LUI ne m'aurait jamais dénoncé !

Plus il y a de gruyère,
plus il y a de trous.

Et plus il y a de trous,
moins il y a de gruyère.

Donc plus il y a de gruyère,
moins il y a de gruyère.

Monsieur et Madame Zarella
ont une fille,
comment s'appelle-t-elle ?

Maude

5
NOVEMBRE

7 h 43 17 h 24

Ste Sylvie

Un soir, un homme fait la tournée des bars. Dans l'un d'eux, alors qu'il est déjà bien imbibé, il rencontre une petite souris. Ne contrôlant plus vraiment sa main, il laisse tomber quelques gouttes de bon whisky. La petite souris reçoit ces quelques gouttes et se délecte. Elle décide donc de suivre notre homme et s'installe dans l'ourlet de son pantalon. Plusieurs bars passent… Vers 2h du matin, rentrant chez lui, notre homme passe dans une rue et renverse plusieurs poubelles, faisant un bruit d'enfer. Une personne se penche alors à l'une des fenêtres d'un immeuble proche et l'interpelle :

– Vous ne pouvez pas faire moins de bruit, non !?

L'ivrogne :

– Qu'est-ce que t'as, toi, descends si tu es un homme…

La souris :

– Ouais, et amène ton chat aussi !

6

NOVEMBRE

7h45 17h23

St Léonard

OMG!!!
?!!!

Un homme entre chez le boucher
et achète 1 kilo de bœuf haché.
Le boucher lui dit :
– Vous n'allez pas manger ça tout seul !

L'homme lui répond :
– Vous avez raison.
Donnez-moi des patates avec.

Deux agriculteurs,
l'un Américain, l'autre Breton :
– Quelle est la taille de votre ferme ?
demande l'Américain.

– Pour les Français, ma ferme a une taille raisonnable,
quatre-vingts hectares, et la vôtre ?

– Oh, la mienne… je sors le matin,
je prends la Jeep… et à midi je n'ai pas encore
traversé la moitié.

– Eh oui… je sais ce que c'est, moi aussi
j'ai déjà eu une bagnole comme ça.

8
NOVEMBRE

7 h 48 17 h 20

St Geoffroy

Pour une personne optimiste,
le verre est à moitié plein.

Pour une personne pessimiste,
le verre est à moitié vide.

Pour un ingénieur,
le verre est tout simplement
deux fois trop grand.

9
NOVEMBRE

7 h 50 17 h 19

St Théodore

Amitié féminine :

Une femme n'est pas rentrée à la maison de toute la nuit. Le lendemain matin, elle raconte à son mari qu'elle a dormi chez une amie. Le mari appelle ses dix meilleures amies. Aucune ne confirme…

Amitié masculine :

Un homme n'est pas rentré à la maison de toute la nuit. Le lendemain matin, il raconte à sa femme qu'il a dormi chez un ami. La femme appelle ses dix meilleurs amis. Huit d'entre eux confirment que le mari a dormi chez eux et deux soutiennent même qu'il est encore là !

Un mari dit à sa femme
sur le point d'accoucher :
– Si le bébé te ressemble,
ça va être extraordinaire.

Sa femme réplique :
– S'il te ressemble à toi,
ça sera un miracle !

11
NOVEMBRE

7 h 53 17 h 16

Armistice 1918

Sur le Vieux-Port,
une poissonnière marseillaise
crie à l'une de ses collègues :
– Oh, Ginette !
J'ai une grande nouvelle à t'annoncer !
Écoute ça, ma belle : je marie ma fille !

– Oh ! putaing !

– Non pas celle-là, l'autre…

12
NOVEMBRE
7 h 54 17 h 15
St Christian

Un Canadien, un Français et un Américain trinquent joyeusement dans un bar.
Le Français commande une bouteille de champagne et verse le précieux liquide dans des coupes. Aussitôt qu'il a bu son verre, il sort un revolver et tire dans la bouteille. Il lance alors :
– En France, on a tellement de champagne qu'on n'a pas besoin de boire deux fois dans la même bouteille !

L'Américain réclame alors une bouteille de Napa Valley, un vin californien, qu'il partage avec ses camarades. Il boit son verre, sort un revolver, et tire dans la bouteille. Il dit en souriant :
– Chez nous aussi, on a tellement de vin qu'on n'a pas besoin de boire deux fois dans la même bouteille !

Le Canadien offre alors une tournée de bière, sort un revolver et tire à bout portant sur l'Américain en disant :
– Chez nous, on a tellement d'Américains qu'on n'a pas besoin de boire deux fois avec le même !

Que dit Frankenstein
à l'élue de son cœur
le jour de la Saint-Valentin ?

– Veux-tu être
ma Valenstein ?

14
NOVEMBRE

7 h 57 17 h 12

St Sidoine

C'est un gars
qui se promène au bord d'un lac,
tout à coup il voit quelqu'un
qui se débat dans l'eau en criant
« HELP HELP ». Alors il lui crie :
– Eh l'idiot ! Tu aurais mieux fait
d'apprendre à nager
au lieu d'apprendre l'anglais !

Un homme attend chez le dentiste
les résultats de ses examens dentaires.
Le dentiste lui dit :
– Écoutez, j'ai une bonne
et une mauvaise nouvelle pour vous.

– Bon ! Commencez par la mauvaise.

– Je dois vous arracher trois dents !

– Merde, c'est quoi la bonne nouvelle alors ?

Le dentiste lui répond :
– Toutes les autres dents sont tellement mauvaises
qu'elles vont tomber toutes seules,
et ça ne vous coûtera rien !

Le professeur montre une radio
à une étudiante en médecine.
Il suffit d'un simple coup d'œil sur le cliché
pour voir que le patient a une jambe
plus courte que l'autre,
ce qui explique qu'il boite.

– Que feriez-vous dans un cas pareil ?
lui demande le professeur.

– Dans un cas pareil, je crois que moi aussi
je boiterais.

Une délégation d'employés
d'une entreprise de sondages
se rend à la clinique où leur patron
a été hospitalisé après
une crise cardiaque.

– Monsieur le directeur,
lui dit un de ses visiteurs,
29 % de mes collègues vous souhaitent
un prompt rétablissement,
56 % regrettent
que vous ne soyez pas
allé au diable et,
au cas où vous reviendriez
un jour au bureau,
15 % de foireux ont préféré s'abstenir
de faire connaître leur opinion.

18
NOVEMBRE
8 h 04 17 h 07
Ste Aude

– Comment se fait-il,
demande une cliente à son boucher,
que le même rôti de veau coûte,
aujourd'hui, 2 euros de plus
que la semaine dernière ?
Le veau aurait-il augmenté ?

– Le veau, non, répond le commerçant.
C'est le prix de la ficelle
qui a fait un bond.

19
NOVEMBRE
8h05 17h06
St Tanguy

À l'occasion
de leur dixième anniversaire
de mariage, un homme offre à sa femme
un voyage sublime en Floride.
Elle est très émue :
– Comme c'est romantique ! Après dix ans,
tu m'offres un si beau cadeau !
Je me demande ce que j'aurai
pour nos vingt ans de mariage !

Son mari répond :
– Pour nos vingt ans, je viendrai
peut-être avec toi.

20
NOVEMBRE
8 h 07 17 h 05
St Edmond

Pendant une dispute,
une femme lance à son mari :
– J'étais vraiment folle
quand je me suis mariée avec toi !

Et le mari répond :
– Je sais, mais comme j'étais amoureux,
je ne l'avais pas remarqué !

21
NOVEMBRE

8 h 08 17 h 04

Présentation de la Vierge Marie

Quel est le comble pour un joueur de rugby ?

Se faire plaquer par sa femme.

22

NOVEMBRE

8 h 10 — 17 h 03

Ste Cécile

Vous êtes au volant d'une voiture et vous roulez à vitesse constante… À votre droite, le vide… À votre gauche, un camion de pompiers qui roule à la même vitesse et dans la même direction que vous. Devant vous, un cochon, qui est plus gros que votre voiture ! Derrière vous, un hélicoptère qui vous suit. Le cochon et l'hélicoptère vont à la même vitesse que vous.

Face à tous ces éléments, comment faites-vous pour vous arrêter ?

C'est simple, vous descendez du manège !

23

NOVEMBRE

8h11 17h02

St Clément

La maîtresse demande à Toto :
– À quel temps est la phrase suivante :
« Il pleuvait fort ce jour-là ».

Toto répond :
– Un sale temps, madame !

24
NOVEMBRE

8 h 13 17 h 01

Ste Flora

Une infirmière demande à une vieille dame hospitalisée
si elle peut récupérer un paquet d'amandes
que ses petits-enfants lui ont apporté dans la semaine
et qu'elle ne mange pas. La vieille dame est d'accord
et l'infirmière en distribue à tout le monde dans le service.
Elle vient ensuite la remercier et lui dit
que tout le monde les a vraiment appréciées.

La vieille dame lui répond alors :
– Mais moi aussi, j'en ai profité : le chocolat
qu'il y avait autour des amandes était très bon...

25
NOVEMBRE

8h14 17h01

Ste Catherine

Dans une caserne,
le capitaine croise une toute nouvelle recrue :
– Comment vous appelez-vous, mon garçon ?

– François, et vous ?

Le capitaine furieux s'écrie :
– Mon petit gars, je ne sais pas d'où vous venez, mais apprenez qu'ici je suis le capitaine et que je m'appelle « MON CAPITAINE ». De même, dans ma compagnie, j'appelle les gens par leur nom de famille. Si vous vous appelez François Tartenpion, je vous appellerai « Tartenpion », mais pas François. Avez-vous bien compris ?

– Oui, mon capitaine.

– Bon ! Quel est votre nom de famille ?

– Montcherry.

– Très bien François, au travail !

Le directeur de l'asile de fous a deux perroquets : un rouge et un vert. Un jour, ils s'envolent et se posent dans l'arbre au milieu de la cour. Le directeur demande à tous les fous si l'un d'eux veut bien l'aider à les rattraper.

– Moi je veux bien, dit Victor qui grimpe et redescend avec le perroquet rouge accroché à son épaule.

– Merci Victor, mais pourquoi as-tu pris seulement le rouge, et pas le vert ?

– Ben comme il n'était pas mûr, je l'ai laissé sur l'arbre.

Quel est le volume d'une pizza de rayon Z et d'épaisseur A ?

PI.Z.Z.A

28

NOVEMBRE

8 h 18 16 h 58

St Jacques de la Marche

Que prend un éléphant
au restaurant ?

De la place.

29
NOVEMBRE

8 h 19 16 h 58

St Saturnin

Désespérée par la fainéantise de son fils, une mère demande :

– Mais que vas-tu faire plus tard dans la vie ?

– Rien. J'ai envie de rien !

– Enfin, ce n'est pas possible. Il faut revenir sur terre, tu sais…

– Ben alors je serai marin !

30

NOVEMBRE

8 h 21 16 h 57

St André

Une femme dit à son mari :

– J'en ai assez ! Tu ne t'intéresses pas à moi, il n'y a que le football qui compte. Le samedi soir on ne sort jamais, tu vas au match. Le dimanche tu en regardes un autre à la télé, le mardi tu remets ça. Tu ne parles que de foot, j'ai l'impression de ne pas exister. Je suis sûre que tu ne te souviens même pas de la date de notre mariage !

– Alors là tu te trompes ! C'est le jour où le Milan AC a battu Barcelone 4 à 0 en finale de la Coupe d'Europe !

1er DÉCEMBRE

8 h 22 16 h 57

Ste Florence, St Éloi

La maîtresse demande :
– Quel âge tu as, Toto ?

– 6-8 ans, madame.

– 6 ans ou 8 ans, Toto ?

– Ben je ne sais pas, c'est ce qui est écrit sur l'étiquette de mon pull...

Un type rencontre un copain
qu'il n'a pas vu depuis longtemps :
– Tu vas bien ? Ta femme aussi ?

– Je l'ai quittée.
Elle faisait mal le ménage, je trouvais
toujours des moutons sous le lit…

– Et c'est pour ça que tu l'as quittée ?

– Non, mais un soir,
j'ai aussi trouvé le berger…

3
DÉCEMBRE

8 h 25 16 h 56

St François-Xavier

Mon premier
est un animal têtu,
Mon second
est le contraire de bas,
Mon troisième
est un pays africain,
Mon tout est une bizarrerie.

Qui suis-je ?

Une anomalie.

4
DÉCEMBRE
8 h 26 16 h 55
Ste Barbara, Ste Barbe

– Maman, quel jour je suis né ?

– Le 5 mai.

– C'est drôle, c'est le même jour que mon anniversaire !

5
DÉCEMBRE

☀ 8 h 27 ☀ 16 h 55

St Gérald

Une petite fille revient paniquée de l'école, elle dit à sa mère :

– Maman, il faut tout de suite aller chez le médecin !

– Mais pourquoi donc ma chérie ?

– Le maître m'a demandé de soigner mon écriture !

6

DÉCEMBRE

8 h 28 16 h 55

St Nicolas

Un homme est en train de siroter
un verre de vin en compagnie de sa femme,
lorsqu'il dit :
– Je t'aime vraiment beaucoup
et je ne sais pas si je pourrais vivre sans toi.

Sa femme lui demande alors :
– C'est toi ou le vin qui parle ?

Il répond :
– C'est moi qui parle au vin !

7
DÉCEMBRE

8 h 29 16 h 54

St Ambroise

Chez le psy :
– Docteur, ma vie est un enfer. Personne ne me prend au sérieux !

– Vous plaisantez, là ?

8
DÉCEMBRE
8 h 30 16 h 54
Immaculée Conception

– Qu'est ce qui est froid,
qui tombe du ciel en hiver,
sur quoi on peut faire du ski
et qui se termine par « ile » ?

– De la neige, imbécile !

– Non, seconde question
pour te rattraper :
qu'est ce qui est froid,
qui tombe du ciel en hiver,
sur quoi on peut faire du ski
et qui se termine par « oi » ?

– De la neige, on te l'a déjà dit :
t'es sourd ou quoi ?

Le papa de Zoé lui demande :
– Combien font 2+2 ?

Celle-ci répond alors :
– 4 !

Alors le père dit :
– Très bien ma petite fille,
pour te récompenser
tu auras quatre bonbons.

Zoé soupire…

– Oh zut, si j'avais su
j'aurais dit cinq !

10
DÉCEMBRE
8 h 33 16 h 54
Ste Eulalie

Un gamin de six ans dit à son père :

– Je crois que j'ai fait caca dans ma culotte, papa !

– Oui, mais on dit popo…

– Ah ? Je crois que j'ai fait caca dans ma culotte, popo !

11

DÉCEMBRE

☀ 8 h 34 ☀ 16 h 54

St Arthur, St Daniel

C'est un gars qui, en revenant
de la chasse dans la jungle, dit à son ami :
– J'ai tué dix éléphants, onze serpents,
sept lions, trois panthères
et neuf pânou-pânou.

Son ami lui demande :
– C'est quoi ça des pânou-pânou ?

– Je sais pas trop, il y avait dans le fond
de la forêt des cris qui faisaient :
« PÂNOU-PÂNOU !!! »

12
DÉCEMBRE

8 h 34 16 h 54

St Corentin

Comment dit-on
« Il fait froid ce matin »
en japonais ?

Sakaï ! Sakaï !

13
DÉCEMBRE
8 h 35 16 h 54
Ste Lucie

Dans une station de sports d'hiver,
un homme chausse ses skis,
se lance sur une piste, fait deux mètres
et se fracture le péroné.

« J'ai fait beaucoup de progrès en un an,
dit-il aux ambulanciers qui viennent le ramasser.
L'an passé, je m'étais cassé
la jambe en descendant du train... »

14
DÉCEMBRE

8 h 36 16 h 54

Ste Odile

Une coccinelle invite
un mille-pattes au restaurant.

Le jour venu, la coccinelle va au restaurant et s'assoit à une table. Le temps passe, elle attend dix minutes, vingt minutes, une heure puis elle se décide à téléphoner pour savoir ce qu'il se passe.

– Tu as oublié de venir, ou quoi ?

Il lui répond :
– Non je n'ai pas oublié,
je suis en train de mettre
mes chaussures…

– Chéri, j'aurais besoin de toi !

– Oui, ma chérie. Dis-moi…

– Je voudrais avoir l'avis d'une personne intelligente et logique !

– Oui, je t'écoute.

– Tu ne connaîtrais pas une personne intelligente et logique ?

16
DÉCEMBRE
8 h 38 16 h 54
Ste Alice

Deux poissons sont en plein océan Arctique.

S'en suit un dialogue forcément profond...

– On rentre ? dit le premier poisson.

– Ouais j'me l'écaille ! dit le deuxième.

17

DÉCEMBRE

8 h 39 16 h 54

St Gaël

– Docteur, on a calculé que j'avais un QI de 18 et je ne comprends vraiment pas pourquoi !

– C'est normal que vous ne compreniez pas.

18

DÉCEMBRE

8 h 39 16 h 55

St Gatien

Un maître d'école
demande à ses élèves
quel est le plus ancien
animal du monde.

Un enfant lève le doigt et répond :
– C'est le zèbre !

– Pourquoi ?

– Car il est en noir et blanc.

19
DÉCEMBRE
8 h 40 16 h 55
St Urbain

Un curé en promenade est pris dans des sables mouvants. Le sable lui arrive aux genoux, quand un camion de pompiers passe tout près de lui.

– Vous avez besoin d'aide ?

– Merci, ce n'est pas la peine, le Seigneur me viendra en aide !

Alors que le sable lui arrive à la ceinture, le camion repasse.

– Vous avez besoin d'aide ?

– Merci, ce n'est pas la peine, le Seigneur me viendra en aide !

Lorsque le curé n'a plus que la tête hors du sable, les pompiers passent une troisième fois.

– Vous n'avez toujours pas besoin d'aide ?

– Merci, ce n'est pas la peine, le Seigneur me viendra en aide !

Puis le curé s'enfonce complètement.

Arrivé au paradis, il dit au Seigneur :
– Je suis tellement déçu, je pensais vraiment que vous alliez me venir en aide !

Et le Seigneur lui répond :
– Je t'ai envoyé trois fois les pompiers, je ne vois pas ce que je pouvais faire de plus !

Je suis ce que je suis.

Mais si on te dit ce que je suis
je ne serai plus ce que j'étais.

Qui suis-je ?

Un secret.

21
DÉCEMBRE

8 h 41 16 h 56

Hiver • St Pierre Canisius

C'est un homme et une femme
qui viennent d'avoir des triplés...

L'homme dit au médecin :
– Comment cela se fait que l'on a eu
des triplés comme ça ?

Le médecin répond :
– Oh, vous savez monsieur,
c'est à cause de plusieurs facteurs.

L'homme rétorque :
– Ah oui ? Alors là...
Ils vont entendre parler de moi !

22
DÉCEMBRE
8 h 42 16 h 56
Ste Françoise-Xavière

Une petite fille rentre
d'un séjour à la neige.

Sa mamie lui demande :

– Alors, le ski, ça t'a plu ?

– Oh oui ! C'était téléféerique !

David Bowie et Lady Di
ont deux fils,
comment s'appellent-ils ?

Ken et Alain,
car Bowie Ken et Alain Di !

(Bon week-end et à lundi !)

24
DÉCEMBRE

8 h 43 16 h 58

Ste Adèle

Un condamné ayant la tête
sur la guillotine crie son innocence :
– Je ne suis pas coupable !!!

Le bourreau :
– On va s'en rendre compte
tout de suite.

25
DÉCEMBRE
8 h 43 16 h 58
Noël

Quelle est la différence
entre un prof et un thermomètre ?

Aucune.
On tremble lorsqu'ils marquent
« 0 » !

26
DÉCEMBRE

8 h 43 16 h 59

St Étienne

Trois types sont à la terrasse d'un café.
Le premier croit reconnaître Jésus à la table voisine.
Les deux autres lui confirment qu'il s'agit bien de Jésus :
– Hier, il a guéri Patrick de sa sciatique et avant-hier, Pierrot d'un lumbago.

Jésus s'approche d'eux et demande au premier :
– Et toi mon fils, que puis-je faire pour toi ?

Le gars répond :
– Jésus ne me touche surtout pas !
Je suis en arrêt maladie !

On ne dit pas
« Je tripote »
mais
« J'ai trois amis ».

28
DÉCEMBRE

8 h 44 17 h 00

Sts Innocents

Un fou rentre chez lui
et son horloge sonne trois coups.

Il dit :
– Oh, ça va ! Je sais qu'il est 1 heure,
pas la peine de le répéter trois fois !

29
DÉCEMBRE
8 h 44 17 h 01
St David

Comment appelle-t-on un oiseau qui se gratte d'un côté ?

Un oiseau migrateur.

30

DÉCEMBRE

8 h 44 17 h 02

St Roger